日本史籍協會編

東西評林 一

東京大學出版會發行

小寺玉晁自筆序文

先生のうた稚童やもの問ハぬ川柳のはたと
いうを稚童やものいふ東京八亰一とい本
本も竹振風もうらハぬ事や
老のよみの聲としてゐるるわせ
めてしゐ書本文をえのく

帝國圖書館藏

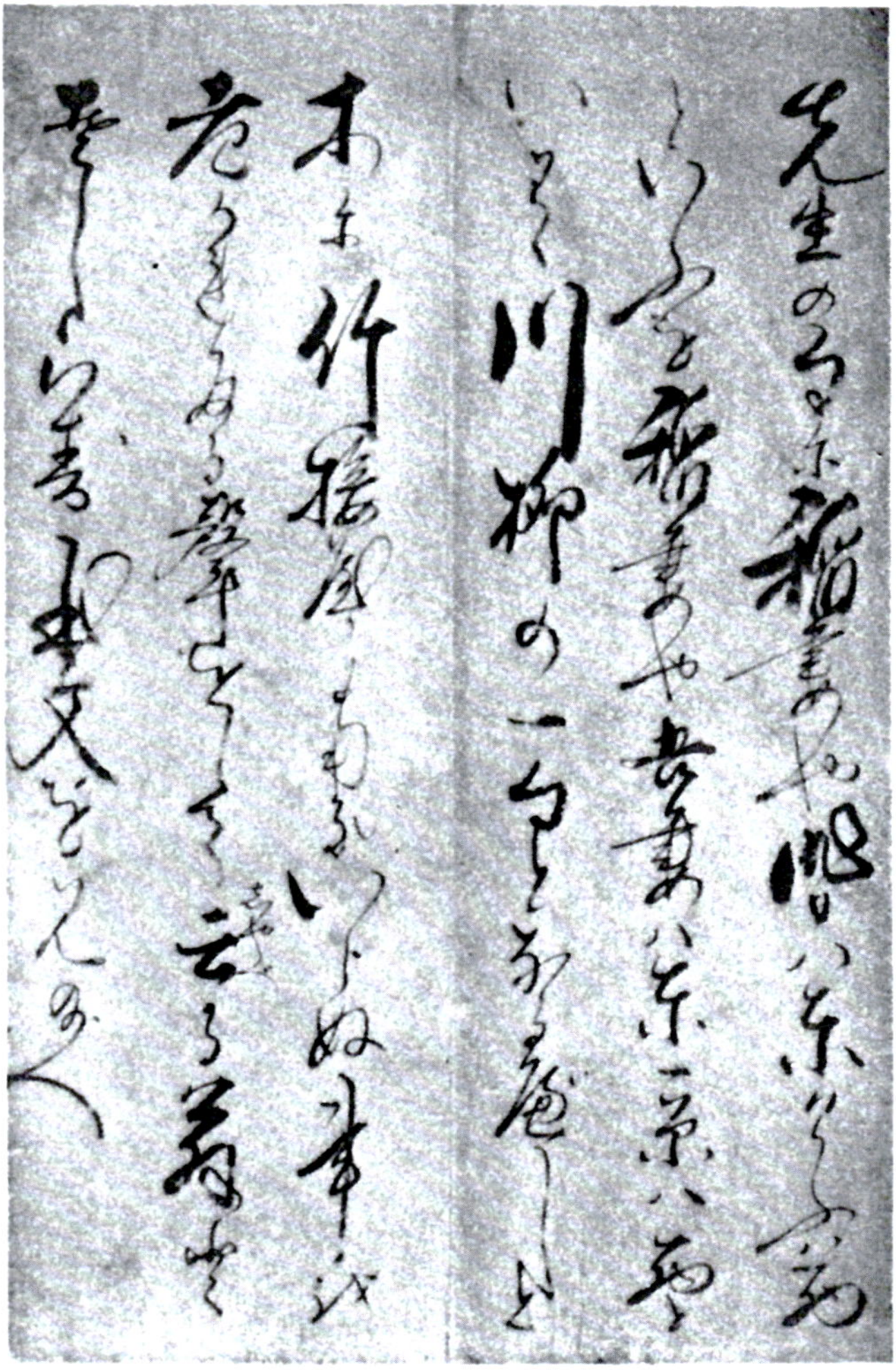

東西評林　について

日本史籍協会

一

本書の編者小寺玉晁は寛政十二年（一八〇〇）生れ、明治十一年（一八七八）九月、七十九歳の天寿を全うして歿した。その略伝は本書の巻頭に記載されているが、彼は文雅の途に志し、画をよくし、香道を修め、技芸百般に通じ、自ら八天狗の一人として只管趣味の道に生きた。さればその行いにも珍聞奇事に走るものがあり、才を生かして文芸に関する資料の蒐集に努めた。浄瑠璃・演劇・歌謡・祭礼及び諸興行についての編著が数十種類に達している。しかし彼は単なる風俗・文芸の道に止らず、時勢の動きに心を用いた。彼が編するところの時事問題に関する資料で本叢書に収めているもののほか甲子雑録・連城紀聞・連城漫筆・丁卯雑集録がある。著者は、その博覧強記と健筆によって広範な事象を書留めた。ただ雑学者である彼はそれらの資料を編年的に雑然とならべているので参考とする際に不便を感ずるが、これもその資料の史的価値によって補われるであろう。

二

本書に収めるところの資料は、主として文久二年正月から同年十二月までに起った事象に関するものである。体裁は編年体であるが、風聞書・達書・届書、その他張紙・歌謡などが雑然と収められ、読者にとって風説書・張紙の類は世相を知る上に参考となるものが多い。

文久二年と言えば、条約無勅許調印及び将軍継嗣問題が紛糾して、朝幕の対立が激しくなり、加うるに開港後における貿易の影響は物価の騰貴を招き、士民の生活を不安定に陥れたので、志士を始め浪士や庶民の施政者に対する反感が昂ってきた。一方朝幕の抗争は雄藩の間にも意志の疏通を欠き、幕政の権威は次第に低下して行った。そこでその対策として雄藩の間で論議され始めたのが公武合体の議である。万延元年五月三日大老井伊直弼が暗殺された後、幕府は権威の失墜を弥縫しようとして公武一和の議を進め、その一策として和宮降嫁の儀を朝廷に願出てその勅許を得た。しかし、かような政策は反幕思想を一層激成する結果をもたらした。

幕末多事の際に於ける諸侯・藩士及び浪士等の動向を見るに、藩論は勤王・佐幕、開国・攘夷に分れ、藩内は守旧・進歩の二派が対立抗争するを例とした。ただ藩によって異るところは、水戸藩のように内訌が急激であって藩論が真二つに分れ、大道を忘れて、憐れな終末を告げたものもあれば、また漸進的に改革を断行して、所期の目的を達成したものもあった。従って雄藩の国事周旋の状も、相互の歩調が合わず、ともすれば対立の勢を示して、大同団結の気運は容易に醸成されなかった。かくて事態の進展は、政局をいよいよ錯乱せしめ、政治の中心は将軍の膝下である江戸から朝廷の膝元である京洛に移った。しかも朝幕間の融和に努力したのが薩・長二藩であった。しかし薩・長二雄藩も時には合一し、時には対立したが、最期に討幕論で意見の一致を見るに至った。

文久二年正月坂下門襲撃事件で新年を迎えた時局は、前途の多難を暗示するかのようであった。老中安藤信行は背に一創を負うたのみで、生命を保ち得たが、同年四月幕府内外からの批難を受けて罷免された。安藤閣老を襲ったのは水戸浪士であり、彼等が挙げた罪状の第一は和宮降下のことで、幕府は降嫁要請が許されない時には、廃帝も辞せずとの意嚮を有していた。つぎには外国に対する幕府の軟弱な態度である。要するにかような思考は尊攘派が抱いた一般通念であった。

安政五年開鎖の両論を繞って朝幕間は漸次乖離の状勢にあったが、朝廷は長州藩へ京都に変が起る場合、禁闕の警備を依願した。しかし長州藩が積極的に公武の間に活動を始めたのは文久元年夏の頃からであった。先ず長州藩士長井雅楽の建議によって、同藩は航海遠略策を提げて、公武間の周旋に乗り出した。この策を革めて勅諚を以て国策とし、幕府がこれを遵奉してこれを台命として諸侯に示し、列藩がこれを遵守すれば、人心の一和を齎すであろうというにあった。長州藩主毛利慶親はこの策を朝廷に示したところ嘉納せられ、また幕府に入説して取りあげられた。しかし長州藩士の中には、この説に最初から反対するものがあった。桂小五郎・久坂玄瑞・楢崎弥八郎等は、この説よりも、大義名分を明かにする方が先決であるとし、これを同藩士周防政之助等に建議した。かくて長州藩論も動揺していた頃、偶々坂下門外の変が起り、尊王攘夷を叫ぶ士が京都に集り、討幕攘夷の気勢をあげてきた。そこで長井雅楽に対する誹謗の声も一層昂った。西郷吉兵衛も彼を奸物と難じ、薩州藩士を始めその他の浪士も長井を批難した。かくて長井は藩命によって江戸に召還され、遂に失脚した。かように長州藩の周旋がもたついている時、薩州藩主島津茂久の生父久光が上洛することによって形勢が一変した。

四

薩州藩では安政五年七月十六日藩主斎彬が死去するや、弟久光の長子又次郎茂久、忠義修理大夫が封を襲いだ。しかし前藩主斎興は未だ生存して藩政を見、家老島津豊後が枢機に参与して、その施政は保守的であった。しかし安政六年九月斎興が歿するや少壮有為の士が起ち、西郷・大久保を始め誠忠の士が、久光を擁して、藩論を一変した。文久元年十二月久光は朝幕の間を周旋せんとして、先ず家臣をして入京し、近衛忠熙を訪ねて王事に尽す旨を告げ、内奏を請わしめた。かくて久光は文久元年三月十六日小松帯刀・大久保一蔵利通以下千余名の兵を率いて鹿児島を出発して東上の途についた。久光は出発に当り、尊攘激派の士や、とかく軽卒な所業に出ずる浪人等と交ることを禁じた。久光は入京すると、先に安政大獄によって罰せられた諸侯・公卿等の宥免を請い、かつ徳川慶喜・松平慶永を登用して幕政の改革を行うことを説いた。

一方京坂地方に雲集した尊攘激派の士は、久光の上洛を機として一挙に討幕の兵を挙げようとした。その中心となったのは、概ね西国地方の士であった。真木和泉久留米藩平野二郎筑前藩宮部鼎蔵熊本藩小河弥右衛門一敏、岡藩海賀宮門秋月藩及び薩州藩誠忠組の士等は早くから討幕の志を抱き、薩長二藩の士を説いて王事に奔走した。久光の上京に際して、久留米藩の淵上郁太郎・大鳥居理兵衛・平野二郎・小河弥右衛門等は上京し、土州藩の坂本龍馬も脱藩して吉村寅太郎の跡を追って東上した。また久光に随従し得なかった薩州藩士も亡命し、長州藩士久坂玄瑞・入江九一・山県小輔狂介有朋・品川弥二郎等も上京の途についた。かように激派の志士が京摂の間に雲集したので、幕府は取締りを厳にした。薩州藩は紛擾の突発するを憂え、清川八郎・田中河内介以下数十人を大坂藩邸に収容し、暴発するを避けようとした。しかし薩州藩士及び同志の者は大坂藩邸を脱出し、伏見の寺田屋に集った。かくて四月二十三日夜寺田屋の惨劇が突発した。このため激派の志士の夢も絶たれ、その活躍も後退の已むなきに至った。

三

寺田屋の惨劇後、久光は公武一和を実現しようとして、戊午の大獄に連座した青蓮院宮尊融法親王中川宮以下の罪の宥免を幕府に建議して容れられた。更に幕政の革新を行うべく勅使の下向を請うた。五月六日朝議は久光の建言を採用し、八日大原重徳に勅使を命じ、三事を幕府に伝えることとした。十二日久光に勅使を輔佐して下向する旨の勅命が降った。勅使の三事とは㈠将軍は諸侯を率いて朝廷に至り、闕下に国政を合議する、㈡は沿海を五大藩主を以て五大老として国政に参与し、攘夷の功を挙げるために防備を充実すること、㈢は一橋慶喜を将軍輔佐とし、松平慶永を大老とすること、である。

これより先き、幕府は久光の朝廷建議の趣旨を聞くに及んで、幕閣の更迭を行った。前龍野藩主脇坂安宅が再び老中となり、鋭意幕政の改革を行い、将軍入洛のことも勅使の江戸到着前に決定していた。残るはただ慶喜・慶永の登用問題のみであった。この時幕府が受諾を渋ったのは慶喜の登用のことである。しかしこれも勅使の重大決意の前に折れて解決した。即ち慶喜を将軍後見職に、慶永を政治総裁職に任じた。かくて勅使の使命はほぼ達成されたが、細事にわたっては困難な問題が起り、朝幕間の交渉も容易なものではなかった。

ここで時局変化の上から看過できないことは、薩長二藩の関係が次第に疎隔したことである。大原勅使・島津久光の下向前に、江戸に在って公武間の周旋をしていた長州藩主毛利慶親は同じく朝幕間の斡旋のために下向した勅使並に久光と会見して、協力すべき絶好の機会であるにも関らず、両人の江戸到着の前日六月六日道を中山道にとって京都に向って出発した。この事については世上の疑惑を招き、一方両者の間に立って融和を計ろうとした者もあったが、すべては徒労に帰した。かような時、長州藩世子毛利定広は安政戊午以降の国事犯の赦免・収葬を命ぜられた勅諚を奉じて東下の途についた。この勅諚の文中に、寺田屋事件で斬死した者にも及んでいたので久光は勅使に迫って勅諚の改正を要請した。かくて二藩の軋轢はいよいよ激しくなった。

久光は勅使に先立って八月二十一日江戸を発して上京の途についた。同日生麦事件が突発し、薩英戦争勃発の原因となった。大原勅使はこの事件のため旅程が二日間おくれ閏八月六日帰洛し、即日参内復奏した。翌日久光も近衛邸に入り、周旋の顚末を報告した。

幕府は勅諚を奉承してから、朝廷尊崇の実を示し、武家伝奏任命の際に幕府に提出する誓詞の慣例を廃止し、ついで桜田門外の変以来実施して来た諸藩の九門の警備を撤した。更に山陵の修補を行い、かつ従来の失政を謝するため責任者である久世・安藤両閣老を隠居・急度慎に処し、元所司代酒井忠義に隠居を命じ、加増の一万石を削った。また安政の大獄及び条約無勅許調印に関係した有司等をそれぞれ罰した。その反面に戊午国事に関連して処罰された人々の罪を宥し、戊午の大獄で斃れた者の収葬建碑を許すこと等を行い、人心の一新を図った。将軍上洛の日時も翌文久三年二月と治定した。

幕府は創設以来京都所司代を設けていたが、八月一日京都守護職を置き、会津藩主松平容保をこれに任じ、役料五万石を給した。この外、幕府は軍政の改革を行い、洋式に則って砲・騎・歩の三兵を設けて新に陸軍奉行を置き、海軍の充実にも力を致し、軍艦購入等を行った。さらに学制を改革し、十一月始めて学問所奉行を置き、洋学調所蕃書調所の改称をこれに付属せしめた。

かように幕府は庶政の改革に着手したが、一方公武間の周旋に努めていた薩長両藩との対立は深まるのみであった。

尊攘の志士は伏見寺田屋の変で、その出鼻を挫かれたが、長州藩に於いては、その藩論が公武合体から攘夷即行論へと進展し、更に土州藩が国事周旋に乗出してきたので、雄藩の関係も複雑化するに至った。

先きに和宮の降嫁に関連した岩倉具視・千種有文・久我建通・富小路敬直の四人及び今城重子・堀川紀子は君側の四奸二嬪と称し、志士から排斥されていた。よって八月、具視・有文・敬直の三人は辞官落飾を命ぜられ、ついで建通も有志公卿の弾劾に会って蟄居落飾を命ぜられた。ついで前関白九条尚忠も落飾・重慎に処せられた。

戊午の大獄の際に幕府のために活躍して志士の恨を買った者は天誅と称し、つぎつぎに暗殺された。九条家家士島田左近・同宇郷重国・宇津木六之丞・幕府の目明し文吉・長野主膳の妾村山可寿恵・多田帯刀等にも天誅が加えられた。その外、暗殺・生曝しに会う者が跡を断たなかった。加うるに開港後、攘夷に名をかりて暴行強盗など偽勤王の草賊が出歿し、貿易商・米穀商・両替商等の富商が犠牲となった。かくては志士の行動も忠奸弁じ難く、大衆の信頼を裏切る結果をもたらすので、土州藩の千屋菊次郎・長州藩福原乙之進等は榜を三条橋畔に建てて、かかる賊徒の殲滅を希った。

四

島津久光は大原勅使に随って江戸に下って所期の目的を達して帰洛したが、その不在中に京都の情勢は一変していた。大勢は久光の政見と全く背馳するものであった。久光は帰京早々書を武家・伝奏に致して幕府が勅命を遵奉した成果を俟ち、徒らに匹夫の激論を採用されないように建議し、十二箇条の時事についての意見を伝えた。しかし京洛の情勢はかような議論を容れることを許さない状態にあったので、久光は憤然として閏八月二十三日帰藩の途についた。

翻って長州藩の動向を見るに、先きに航海遠略策をもって公武一和を図ろうとしたが、時勢の変化に伴うて藩論が一変した。七月二日入京した藩主毛利慶親は、六日世子定広を始め支藩主及び在京の重臣を集めて会議を開き、藩是を議し、一意朝廷のために忠誠をつくすことを決定した。従って最早公武合体論は消滅し、ひたすら朝幕の間に処して、攘夷遵奉を決し、既存の条約を破棄し、攘夷の実行を奏請した。かかる時上洛した土州藩士は長州藩士と合議したので尊攘論は気勢を昻めるに至った。

文久二年十月幕府は前土州藩主山内豊信に国事周旋についての意見の上申を命じた。豊信の朝幕に対する意見は尊王佐幕で、公武合体論であったので、藩士中の有志と相容れぬものがあった。同藩の尊攘派の中心人物は武市瑞山・坂本龍馬・中岡慎太郎等であり、その多くは下士中の郷士であった。瑞山が同士を糾合したのは文久元年八月のことであった。その後も土州藩内は守旧派と進歩派の確執が激しく対抗していたが、同藩執政吉田東洋が開国佐幕を唱えて尊攘派と相容れぬものがあった。文久二年薩長二藩が国事周旋のため藩主以下が上洛し、積極的に行動を開始したので、四月八日瑞山は遂に同志をして東洋を暗殺せしめた。かくて藩庁要路の大更迭が行われ、東洋一派は斥けられたが、藩論はなお一定しなかった。しかし瑞山等の暗躍により藩主豊範は六月二十八日国元を出発し、途中坂地で病み、八月二十三日入洛した。朝廷は同日豊範に警衛依頼の内示を下されたので、土州藩も尊攘派の中で重きをなした。かくて長州藩を中軸として薩土両藩の急進派が提携して、尊攘派の士気を盛り上げたので、遂に攘夷督促の勅使を東下すべしとの議が起った。

九月十八日薩長土三藩主連署して勅使を東下せしめ、勅命を以て攘夷決行の旨を幕府に命ずべきだと奏請した。ここに於いて勅使三条実美・副使姉小路公知を任命した。同日山内豊範に、勅使に随行して、勅旨の貫徹に努力するよう命ぜられ、ついで長州藩主毛利慶親に命じ、在府中の世子定広をして勅使を輔佐せしめた。九月中旬勅使東下の報が江戸に伝わるや、幕府は事前に国是の一定を期した。政治総裁職松平慶永は元来開国派であったが、この際勅旨を奉じて断然攘夷を決行すべしと論じ、京都守護職松平容保もまた勅諚に従って、外人の江戸・大阪・兵庫各地での居住、江戸御殿山に外国公館建設のことを拒否すべきであると説いた。将軍後見職一橋慶喜はなお熟考を要すと述べ、老中・若年寄等は概ね以上の議に反対であった。しかし両論の間に種々の議が重ねられたが、結局勅旨を奉承することに決した。かくて幕府は十二月四日奉答書を勅使に提出した。奉答文の中に「臣家茂」と署名したことは異例のことであった。勅使一行は目的を達し、十二月七日江戸を発し、二十三日帰洛した。豊信・定広も勅使と相前後して京に帰った。

幕府は十二月十五日諸侯の総登城を命じ、攘夷の勅書を示して、これに対する所見を聴いた。江戸に於ける尊攘派の気勢は大いに揚り、国学者塙次郎は廃帝の事蹟を調査したとの理由で暗殺され、また長州藩士久坂玄瑞・高杉晋作・品川弥二郎等は横浜で外国人を襲撃しようと企てたが、定広によって未前にこれを制された。また十二月十二日玄瑞・晋作は伊藤博文・井上馨志道聞多等と共に品川御殿山に建設中の英国公使館を焼討した。かくて多年志士の胸中に鬱積してきた幕府に対する憤懣は、一時霧散したかの観があったが、これら志士の指向するところの前途には、なお幾多の障碍があった。

朝廷では十二月九日新に国事掛を設けて公卿をこれに任じた。即ち尊融親王・関白近衛忠熙・左大臣一条忠香・右大臣二条斎敬等二十九人を以て宛て、後日姉小路公知が加えられた。永年の公卿の不満はさることながら、彼等は多年にわたって政局から離れ、内外の実情に暗く、ひたすら尊王の実を挙げんとして徒らに激派の傀儡となる者が多かった。思うに旧例故格を尚び、伝統を重んずることは独り幕府のみではなく、朝臣に於いて一層甚しいものがあった。されば大方の朝臣は穏和論であって、討幕など考える者はなかったが、一部の少壮公卿は公武合体論を因循姑息としてこれに反対した。急進派の中心人物は三条実美・姉小路公知であって、この二人が勅使として東下し、その使命を達成したので、その勢威は国事御用掛を左右するほどであった。

将軍後見職一橋慶喜は心中攘夷の勅旨遵奉を喜ばず、松平慶永の議を容れて、薩州藩と組んで公武合体派の勢力挽回を企図した。かくて慶喜は文久二年十二月十五日江戸を発し、翌三年正月五日京都に入り、東本願寺に宿した。また京都守護職松平容保も十二月二十四日入洛し、黒谷金戒光明寺に館した。文久三年に入ると親藩を始め有力諸侯も相ついで入洛した。時に長州藩主毛利慶親は在京していたが攘夷の決行が近日行われることを予想して、藩地の防備を固めようとして帰藩を奏請した。これより攘夷実行を囲って、尊王攘夷派と佐幕開国派との抗争が激化し、尊王倒幕論が志士の間に激成した。

五

開国後、条約調印・将軍継嗣問題等について、幕府の失政を糾弾する声が喧しくなり、老中安藤信正は、時局の収拾に苦しんだ。しかし尊攘論者は内政のみならず、外政に対して策動し、幕府を窮地に陥れようとした。かくて内外の時局は合理的判断で解決し得ない状態に立ち至った。開港後貿易は次第に活況を呈し、輸出超過であったが、輸出品の多くは生糸・茶・五穀・海産物等の日用品であったので、国内需要にこと欠くようになり、ひいては物価の騰貴を招き、下級武士や庶民の生活を脅かした。尊攘派の人々はこの状況を捉えて排外運動の具に供した。万延元年（一八六〇）から文久三年（一八六三）に至る間に外人で殺傷される者十三名に及び、さらに文久元年五月二十八日英国仮公使館東禅寺襲撃事件が起り、五月二十九日には松本藩士伊東軍兵衛が英国公使館護衛の士二人を刺して自尽した事件が突発し、ついで十二月十三日には英国公使館の焼打事件が起った。こうした乱暴浪藉が繰返えされている間にも、幕府は攘夷派の鋭鋒を避けようとして両都両港の開市開港の延期を各国使臣に申出で、文久元年十二月末使節竹内保徳一行を欧州各国へ派遣した。使節は仏・英・蘭・独・露の国々を訪れ、閏八月九日竹内使節と仏国外相との間で両都両港開市開港延期の約定書が調印された。その外、琉球・小笠原列島の所属問題についても外国と商議した。

幕府は英国代理公使ニール（John Neale）の質問に答え、琉球はわが領土であることを声明した。しかし中国との間で所属問題が決定したのは明治以後のことである。小笠原列島については、特に父島が問題となり英・米両国間で所属を囲って争ったが、幕府はかかる情報を得て文久元年十一月急いで外国奉行水野忠徳を派遣し、同島の開拓を行う旨を英米両国公使に通告した。水野忠徳は、咸臨丸に乗り、十二月十九日父島に赴き翌二年五月二十日幕府は同島がわが所領である旨を英国代理公使に重ねて通告した。最初米国は幕府の統治に反対したが、明治八年に同島に於ける日本の主権を認めた。樺太の所属問題については、日露両国民雑居の土地とされていたが、その所属が決定したのは明治八年五月七日の千島樺太交換条約によって、樺太全島が露国領となった時である。露国の南下は文化・文政年間から活発となり、樺太の境界について度々交渉が行われた。文久二年竹内下野守一行が露都で商議したが、われは北緯五十度線を固執し、彼は四十九度線を執って譲らなかったので不調に終った。露国の侵攻は北方領土のみならず、文久元年には対馬島にまで及んだが、英国が強硬に退去を迫ったので露国も已むなく対馬島から撤兵した。

以上外国との間に起った紛擾事件について述べたが、文久二年に突発した最大の事件は生麦事件である。英国側は犯人の引渡しを強く申入れたので、幕府は薩州藩に命じたが同藩は幕命に応じないのみか、反抗に等しい態度に出たので、幕府が雄藩を制することができなくなった実状を外国側に暴露した。従って英国はその賠償を幕府に強要する外、薩州藩に対しても別個に要求した。これより英国と幕府、英国と薩州藩、幕府と薩州藩との間でそれぞれ論議が交わされ、時態は悪化の一途を辿り、遂に薩英戦争が起った。かように内外の時局多事の折柄相ついで新しい問題が起り、その都度幕府は権威を失墜して行った。文久二年はやがて討幕論の烽火が揚げられる前夜の苦悩の年であったと言ってよい。

本書には以上の事件に関するもの及び庶民の時局に対する意識を物語る資料を多数収録されている。玉晁の編纂した他の書と併読する必要がある。

東西評林

緒言

一本書ハ小寺玉晁ノ蒐集セル維新史料ノ一部ニシテ文久二年正月ヨリ十二月ニ終ル編次多少ノ前後アリト雖モ稍〻月日ヲ追ヘルヲ以テ別ニ目次ヲ設ケズ

一玉晁ノ傳記ハ下ニ之ヲ掲載セリ其人强記博覽日夕手筆ヲ措カズ目睹耳聞スル所一モ逸スルナシ其記述ノ範圍ノ廣大ニシテ而カモ精細ナル當時ノ類書中ノ白眉ナリ唯憾ムラクハ多少雜駁ノ嫌アリテ傳寫ニ往々誤脫ノ點アルコトヲ然モ民間記錄家ニ是以上ノ事ヲ望ムハ寧酷

ナリ又況ンヤ其尾張德川家ニ關スル史料ノ如キハ頗ル特色ノモノアルヲヤ

一玉晁ノ蒐集セルモノ此他文久三年ヨリ明治戊辰ニ渉リテ東西紀聞八册御城書貳册甲子雜錄十六册、連城漫筆六册、連城紀聞二册、丁戊雜拾錄八册、戊辰雜記集十册、等アリ他日期ヲ得テ續刊配布スルコトアルベシ

大正五年十二月

日本史籍協會

小寺玉晁略傳

名古屋の戯作者として掉尾の光輝を發せしは、小寺玉晁なり、玉晁名は廣路、字は好古、通稱九右衞と云ふ、連城亭、續學舍、珍文館等の別號あり、又其居、城北東杉村に因みて東杉舍とも稱す、もと野崎家の士なりしが、病によりて退き、再び高橋家に事へたり、畫を森高雅に、香道を蜂谷宗意に學びたることを記せども、其外師の名を顯すは恥づる所なりとて、自ら之を記さず、初め高橋仙果と交りしのみならず、當時同好の士、平出順益（龜壽）、永坂周二（龍風園）、松尾屋新兵衞（千滄）水野三四郎（醉讚亭又睡鼇とも書けるあり）天笠花老人、松井武兵衞（蒼龍）中西龍雄の七人と盟を結び、耽古連中と稱し、又八天狗とも稱し、或は野口梅居、岡田文園、神谷三園、小田切春江、細野要齋と同好會を組織して文雅の交友機關となしたれば、此等の間に、自然に開發せらるゝに至りしなる可し、性酒を愛して而かも貧しかりしかば、人の需に應じて、繕寫以て財を得、又よく自ら珍聞奇事を筆にして之を藏したり、而かも其間、淨瑠璃諸興行物、演劇、歌謠、祭禮、寓意談等に關する事等數十種を編著するに至りては、其健筆に驚かざるを得ず、然れども要するに其學問深からざれば、學術としては甚だしく重きをなすものにあらずと雖、維新史料として、また風俗文藝の資料としては貴重なるもの少からず、隨筆雜纂の白眉たるものあり、要するに彼は飽くまで一種の好事家にして、雜學者と云ふ可きものなり、明治十一年九月二十六日、七十九歳にして歿す、鶴重町安淨寺に葬る、著はす所、續尾陽勾欄始志、芝居藪の中、尾張芝居雀、見世物雜誌、戲場評判記目錄、淨瑠璃外題いろは分、小歌ごもく草紙、小歌志彙集、小歌のちり、童謠雜錄、どゝいつぶし、根元集、可見圖益志、增補浮世繪師考、續世事談、俗の歳事記、尾陽祭禮年中行事、尾張八丈、虛無僧雜記、尾陽古今書畫一覽、古今招牌集考、人物圖會、歳月錄、思ひよる日、傳聞過去帳、連城叢書、反古袋、名府太平記、連城亭隨筆、鳥の巣、紅葉集、東西評林、東西紀聞、俳叢、珍文叢書、繩張草紙、近世淫亂集、落馬集、井中蛙物語、續膝栗毛、狂戲文集、十二支戲文、紙魚のゐじ

き、玉晁和歌集、玉晁川柳稿本、こばむのみ丶、尾陽太平日記、籠の鳥、司武評士、化粧文集、櫻田紅雪錄、乞食傳、玉晁思出隨筆、干魚廼玉物、但州夢物語、熊本暴動記、華砌嵐日記、玉晁見聞錄、京坂日誌略、越奥羽追討日誌、長防征伐日記、玉晁日々錄等あり早稲田文學、松濤棹筆、人物圖會、名古屋人物史料、玉晁著書各種、

(名古屋市史取要)

東西評林　一　目次

文久壬戌

東西評林

壹

角觝両關東西と分ツなれと東都よりの東方迄西國より西方迄なる迄如何成故ら云ふには其角先生の句に稲妻や昨日ハ東けふハ西といふを稲妻や吾妻は東京は西といひゝ《マヽ》川柳の一句となるをしと木に竹接なうなるいふぬ事故老らしなる聲をしく云《しやべ》る翁迄誰しら寿本文を見給へ

東西々々

毛利侯建白

近年外國ゟ種々難題之申立有之樣相窺且內地不慮之變も出來仕內外共御煩慮之御時節哉ニ奉恐察候勿論廟堂之御籌略外向ゟ可窺計樣も無之御歷々之御評議御遺策可有之上も不奉存彼是以事ヶ間敷申立候向ハ越俎之御譴責奉恐入候得共當時勢

皇國之御榮辱ニ可相拘候義ニ可有之哉と奉考候而ハ區々之鄙衷日夜難忘不得止無根之世論ニも心を留迂僻之議論兼々相含居候付不顧憚御內々申立見候右世上之議論を取御政躰ニ而相拘り候義申立候而ハ尙更恐懼之至り御座候得共右鄙誠之処被聞召分不惡御取計被成下候樣奉願候右申立度旨趣も先年以來度々申上候通り待夷之御良策ハ

公武御一和

叡慮御遵奉ニ基キ可申と數年相含候鄙見ニ御座候処去ル午年已來

公武之御間御議論齟齬之儀有之樣ニ於世上奉窺計種々之雜說紛興仕段々

御手煩をも差起し餘程御配慮ニ而相成候哉と奉伺候竊ニ右等之所由を愚案仕見候処先年外國ゝ和交御差許條約御取替し相成候儀も元と更無御據御場合有之候而之儀ニ候得共癸丑甲寅已來奮發之人氣一旦屈拙《マヽ撓カ》仕偸安之人情一日之無事を貪り終ニ一統退縮之世風ニ罷成

御國躰更張之期無之様相成可申哉と氣節を負ヒ慨志を抱候者も外夷之威力ニ壓を安を論《偸カ》ミ戰を忌む俗情よりケ様相成候儀と存詰猥ニ公義之御所置を如何様批判仕

叡慮之旨も鎖國之御舊規を御確守被遊候様相唱破約戰之説を主張仕壯年血氣之者之憤言激行をも釀成シ且又彼我之形勢を考へ彼之巧利技術を味ひ候者ハ開國之説を主張仕猥ニ彼を誇耀し我固有之正氣を折キ商賈貪墨之風ニ染濆し議論紛々両端ニ分レ一旦ニ攻撃之勢を形し人心洶々土崩瓦解之勢とも可申哉天下之勢合へハ强ク離レハ弱し此支離解散之人心を以一旦有事時黠夷强虜ニ御當り被成候儀何共御氣遣之儀と奉存候然るを右

鎖國開國と申候ハ待夷之御大躰ニ而關係重ク候得共其根本ゟ觀候得ハ是等ハ枝葉之說とも可申
公武之御議論草野之可窺知事ニハ無之候得共斯る枝葉之是非を以御違却之儀出來仕候筋ハ有之間敷歟ト奉存候其故ハ能守して是を改《攻カ》能可攻して是を守ハ兵家之常曲《典カ》鎖ハ事能はされハ開くへらふば不能開ハ不可鎖
御國躰不相立彼ら凌辱輕侮を受候而ハ鎖も眞之鎖ニあふす開も眞之開ニあふば然ハ開鎖之實ハ
御國躰之上ニ可有之
御國躰相立候得ハ開鎖和戰ハ時之宜ニ隨ひ守株膠柱之儀ハ全ク有之間敷然ニ
御國躰被相立候根本と申候得ハ大倫大義を明よして天下之議論純一人心和協之御處置可有之哉右物儀紛々相起候本意を熟考仕候處
公武之御間純然御合躰ニ而

御國躰相立候外有之間敷種々之雜説御手煩共差起候とも其末弊ニ而可有御座候間其源を塞キ其流を御治相成候ハヽ御鎭定强而御手間被爲取候儀も有之間敷候往古草昧之世と違ひ當御治世已來厚御世話を以文敎大ニ開ヶ倫理世ニ明らかにして君親を可崇事とも三尺之童も口ニ藉し樣ニ相成候付是迄迚も聊無御疎御事ニてとも候得共天下之大經を被爲立候儀ハ萬々御厚重ニ被爲在度御儀ニ付此時世ニ當り候而ハ今一際天朝御崇奉之御取扱世上ニ相顯候ハヽ天下之人心感服右物儀御鎭靜容易ニ相整

御國躰之基本ニ而相立可申哉右基本被相立候上とも是迄開港和親被差許候とも乍恐末枝葉之御所置ニ而可有之哉ニ付速ニ開國之御大規模を被相立

御國躰儼然ニ相立候樣御國論被相定度御事ニ奉存候左候而御手を可被下處とも武備益御張興ニ而航海之術廣御開起人々心膽を練り知識を發明せる道によ向ひ諸藩之情實熟知之上とも彼ら畏るニ足さる所をも知り我恃むへき良策も相立可申右とも非常之時ニ當テ中興之御大業を被爲立度御事ニとも候

得共人心之折合方深ク御案被爲在候由過ル巳年御沙汰之趣も有之制度御改航海之術御開ホ之儀も疾ク御評決可被爲在今更當否利害ホ不能申上候儀ニ可有之其後追々御沙汰之趣を奉窺候而も乍憚御趣意筋奉深察候然處今以御國內一統耳目一新仕候樣御沙汰振も無之候も何と欲御深謀被爲在候事ニ可有御座其段も可奉窺筋ニ無之候得共宇內之形勢年序を追而相開候付今日之如ク御國論御變革之機會ニ臨ミ候も自然之勢ニ可有之若舊習ニ泥ミ漸々時勢ニ被押移無據御變革相成候而も御手後ニ相成候已ならば却而人心之折合方ニ而相拘可申哉と深奉恐入候儀ニ付右御國論速ニ御決定相成候樣相願候義ニ御座候右御合躰之御取扱顯然と相成天下之人心奉感服御國躰儼然之御國論被相立候ハヽ定而叡慮も可被爲在元より開鎖之躰に御泥ミ被爲在候義も有之間敷候付何卒叡慮より被爲起右御國是之旨

敕諚を以被　仰出右を御遵奉被遊
台命を以列藩ニ御沙汰相成候ハヽ條理判然人心弥感服仕退縮之氣一旦を
強《誤脱アルカ》ニ相改り偸安之陋習も奮發仕
神州億兆之人心一和一團之正氣ニ相成前後種々之物議も氷解仕毫も内顧
之御患無之
御國威凛然ニ五大州ニ相振御大業も成就可仕哉と迂僻之私見ニ御座候右
も始より
御廟議之上ニ而大海之涓滴共相成度心懸ニ而無之候得共數代無限
御寵命を奉戴
御恩澤身ニ溢れ居候付彌々報効之心得ニ罷在不圖時勢ニ感發仕不顧僭忘《妄カ》
申立候も只々食芹之味進献仕見度區々之鄙誠不悪御亮察被成下不都合之
儀ニ而御座候ハヽ御聞捨被成下度重々奉願候以上
正月

戊三月島津和泉申渡書付貳通

去ル午年外夷通商免許以來天下之人心紛亂いたし各國有志抔と唱候者共尊王攘夷を名としそ慷慨激烈之説を以四方ニ交りを結ひ置不容易企いたし候哉ニ相聞候得共當國ニも右之者共と親しみ相交り書簡往復いたし候者有之哉ニ付畢竟勤王之志感激いたし候所より右之次第ニおよひ候得共浪人輕輩之仕業ニ同意いたし候而ハ當國之禍害ハ勿論

皇國一統之騷動を釀出し終ニハ群雄割據之形勢ニ至り却而外夷之術中ニ陥り不忠不義無此上義と別而不輕儀ニ存候拙者義ハ

公邊之御爲聊所存之趣ハ有之候付以來當國之者共右樣之者共ニ一切不取交命令ニしたがひ周旋有之度事ニ候若亦禮義を重んし絶交いたし難き者ハ有樣ニ申出候ハヽ其譯ニ應しいら樣共可致處置候尤此節道中江戸滯留中右樣之者共推參いたし候共私ニ面會有間敷候自然無

據譯ニ因く應接いたし候共不及義論其筋之者ニ談判いたし候樣返答
可致候此上ならふ不勘辨之者有之候ハヽ
天下國家之爲實以不可然事ニ候条無遠慮罪科可被行事
戌三月十日
右添書
拙者ゟ書付を以申渡候事遠慮ニ候得共世上情態何共不穩哉ニ相聞候
付不得止事相達候事ニ候其後尙又熟考いたし候処畢竟上威之輕き所
より群下類を引候ニ至候義ニ而
御當主ハ勿論拙者おいても心配至極之事ニ候士風沙汰之儀も此所ゟ
被
仰出置候近比ニ而再應御申渡被成候事ニ候へ共方今之模樣ニ而も非
常之變事出來之節一和いたし候義無覺束存候
皇國ニ生し候者誰迚而

國朝を尊ひ夷狄を悄ミ候情意無之者とも禽獸同前之事ニ而別而勤王家誠忠抔と不申様よして放心之者共有之哉ニ相聞是以先年ゟ追々被爲　仰渡候事ニ候處近比ハ其節とハ相替り候風義ニ相成弥以不宜次第ニ候右ハ行跡律義廉潔を專としくお於本意之事候右本意を失ひ候而も何程文武研究いたし候共武士とハ被申間敷候且郷士以下家來末々ニ至候而も右様之者有之哉ニ候尚以不可然事ニ候条右之趣奉行頭人能々相心得支配下江叮寧ニ申諭父兄又も國郷年長之者ゟ心得違無之忠勤を盡し候様敎誡有之度と存候事

戊三月十日

列藩ゟ閣老江被及建白候一條旨趣東武ゟ來ル

毛利侯建白之旨も兼而申立も有之候處三月五日登城ニ而久世侯江面會申述候趣其大意も兼々　德川家之御爲存意建白仕度

マヽ
下ケ札
暴政と申文字ニ□無之由

異本校訂(イ)ハ原ノマヽ
〻印ハ校訂者之ヲ符ス

段々申立置候處余之義ニ而無之追々天下之形勢變革仕今日之如く相成候上も是非共大ニ御英斷無之候半而も相成申間敷候一躰先年井伊殿御在職之節も井伊殿一己之了簡ゟ萬支御暴政之筋ニ成來候處井伊殿退役之後而安藤殿專權ニ而却而井伊殿御在職之有樣ゟ甚敷御暴政ニ天下之人心悉く德川家を離レ候（イニナシ）已（イ既）ニ鍋嶋抔内願之趣ニ而隱居被仰付候處右も全

德川家之御暴政不可救事と存内實も專ら一國富强之目論見ニ有之其外大藩とも各一國々々を相守り候形勢（イニ專ら守勢）（闕字）皆幕府之御仕向不宜處ゟ斯ハ相成

德川家へ（イニ之）御爲誠ニ苦心之至御座候夫い扱置今般（イニナシ）

和宮樣御下向之儀（イニ御下向ニさへ被爲成候へハ）

宮樣を被爲入候得も（イナシ）

將軍家直樣御上洛と（な）申事ニ迄各方御調印も有之誓を（も）御立被成候程ニも無之哉（之）然處其後御樣子致拜見候所ニ而ハ

御上洛所ニ而も無之如何ニ候　京師を御踏付被遊候譯ニ而萬事
天朝を欺き被遊御輕蔑も尤甚敷《イニナシ》と《イニナシ》可申候此節京都おゐてハ
天子益《イニ恭く》御逆鱗宮堂上方一同憤激不一方唯今ニ徳川之御家も如何相成可申
哉《イニナシ》上ハ　京師之御模様と申下ハ人心背叛と申實ニ危急累卵之御場合ニ御
座候大御英斷不被爲在候半《イニナシ》而も相成申間敷旨緩々談《イニ説》論有之候處大《イニ久世》和守殿
愕然之様子ニ而其御英行《斷カ》と申ハ如何之儀ニ御座候哉承度と被申ゝれも毛
利侯默然として久世殿《イニ侯》の顔をふふみ稱《マゝ稍カ》暫く《稍久敷》答候無之處再三承度と被申候
得も毛利殿左様ニ迄御聞被成度候ハヽ存意之次第御英斷《誤脱アルカ》ニ相成可申候旨
可申述候今日之處ニ而ハ御懿親と申御材《イニ人材》と申旁《イニナシ》是非越前守殿を御大老ニ
御引上ケ一橋侯を
御輔佐ニ御用被遊御《折々》登
城ニ而御政事御相談有之其外川路佐々木抔之如き正議を以廢黜仕候者井
有志之者抔不殘御役方ニ御用被遊往々是迄之御政務復古之御手段之外も

有之間敷旨被申述候處其形勢如何よも烈敷有様久世殿者實ニ惱（マヽ）然之有様よく答よハ實ニ御申聞之趣御尤至極ニ御座候間何分盡力可仕候乍併私壹人江御申聞ニ而ハ差支之事も候間一列一座之上御申聞被下候様ニとの事ニ付内藤本多等一同列席之上意味又候緩々被申述候處何迄者驚キ更ニ無詞有々（本ノマヽ）迄も毛利侯答ニ憤激之有様ニ而御答無之をミれも愚意之趣御決断ニ者不相成事と相見候と被申々れハ一同痛心恐悕（怖カ）之有様よく決而左様之譯ニも無之候得共微力ニ而ハ不安心ニ候旨答相成候得も毛利侯重而幕府ニおゐて綱紀（イニ紀綱）御一新（イニハヽ）之勢者無之京師江之御申譯者不被遊且又人心御慰撫之御手段者無之候旨最早此上天子を挾ミ（テ）四方江号令仕候より外ニ無之此義も兼而薩肥等申合候事も御座候間弥御決断者無之候ハヽ右様仕候心得ニ御座候左様相成候節も流石ニ者丸而負ケ申心得ニ者無之候間屹度御了簡被成候様との事ニ而閣老一同其雄威ニ恐迄早々申合可仕との答ニ付毛利侯被申候ニも京師之御模様

マヽ　下ケ札　天子を挾ミ口上ハ不申候由

マヽ　下ケ札　丸而負も不申遣候由

御疑惑筋候ハヽ拙者家來永井雅樂と申者有之此者能々心得居候間此者ニ
御尋可被成旨申述退散被致候由因而閣老一同皆顔色を變じ早々ニ永井を
呼出し一々京師之模樣承り候處毛利矦被申述候よりも一入大變成有樣ニ
而一層苦心を相增何事ニハ《欤カ》十二日　幕府之命を以永井京師ニ發足致し候
趣之
曰《本ノマヽ》下ケ札ハ皆長州家ニ内々問合之処ニ付何垫も虚誕之説ニ而ハ無之趣
ニ御座候
異ニ
右書取ハ去諸矦方去諸矦ニ極内被相廻候を其側役之者ニ寫方被申付候
付蔭ニ而一本寫取候儀ニ付一覽爲致呉候計ニ而もなしも無用と申程ニ
而中々寫させ呉不申候処同志之外更ニ廣ケ不申段誓言を以く借受候儀
ニ付其積まて御覽可被下候此節極内之説ニ
倫《綸カ》旨飛到之由閣老顰頞之由是亦此比中國矦方之内諸士出奔多く有馬抔

ハ拾八人出去者百金ツヽも持參致し候程之輩之由右拾八人之事ハ御届
も有之由何ら心かふぬるうよ相見申候密々

四月十日

(原朱)江戸

當月十一日安藤對馬守殿御役　御免溜詰格被　仰付

一此節薩州　大黒田　大有馬　大立花　右四家共於國許十四五人家來立退　大毛
利ハ江戸國許共家來立退當月十三日申合之上　公邊江御届不致候

一此節　大毛利ゟ家老召連久世大和守殿宅江相越天下之御爲筋色々申上候
由第一　一橋樣越前樣　御免被遊万端御相談被遊候方よろしく

一此節中川　紀州水野大炊頭家來於國許十五六人立退是ハ　公邊御届有
之候右ニ付中川ハ國許取鎮として此節御暇被下候

一御婚禮濟　將軍家　御上洛之筈御引合之処彼是申立御延引之旨毛利ゟ

申立此段も
天子江御僞ニ付是非御上洛被遊御道中筋御固ハ當家一手ニ而前後御警衛申上候旨是迄京都表之一條猶又家老を以申立候付大和守殿も大おめりえ由風説有之候
一薩摩今年參府之処又々延引之由一門之内嶋津和泉壹人罷越候由是ハ當主之父ト申事ニ候
一井伊を切候者壹人此節水戸殿ゟ御領内ニ而御召捕之趣ニ而此節御差出ニ相成
一同壹人越後之新潟ニ而召捕御差出之事此儀ハ不思義之事ニ候
四月十七日出

京（原朱）

去ル十五日夜所司代屋鋪騒動致し候由國許ゟ人數七百人計呼寄何れも

甲冑拔身ヨソ固メ候由其夜辨當六石焚候由評判ニ御座候薩摩家中三千人計之同勢ヨソク上京いゑし候由又長州土州抔數・〔脱アルカ〕人上京ニ付騷動と申噂も有之候又ハ薩摩仙臺阿波抔も浪人多く登り候故伏見ニおゐてノロシを揚候故騷敷とも申候評判ハ諸家ゟ　奏聞之上江戸ゟ罷出異人討拂ニ相成候共申候又ハ

天朝ゟ薩摩異船打拂之輪〔綸カ〕旨下り候付薩摩の家老多人數ニ而登り候共申候京都ニ居申候譯ハ分り不申候得共國々より登り候若侍ハ澤山之事ニ御座候私共旅宿之一軒隣ニ長州家中座敷をかり居候へ共何れも若侍計ニ御座候田舍侍貳万餘人入込と申說ニ御座候何方ゟ參り候而も海岁の大キな侍ニ出會候事數不知三人五人又ハ十四五人位連立見物ニ步行者數不知出會申候定而尾州ニ而ハ最早京ニ軍初り候樣評判も可有之候得共京都ニ而も同し咄計ニ御座候何ヨしても所司代ハ一ト縮の樣子と一同ニ評判仕候取々の咄ニ而中々愚筆ニ難誌あふましニ御座候

土州　細川　長刕
右三家の藩中京屋敷々々ニ入込居候人數凡千五百人程兵庫大坂江向參
り居候人數凡千五人
薩州
右藩中伏見屋敷江も千人程兵庫大坂江も參り居候由

京（原朱）
今度嶋津和泉著坂いたし候ハ當ル十日ニ有之十三日迄此表ニ滯留十四
日伏見江相越候趣ニ承り申候同人幷薩州（ゟ脱カ）小倉迄陸夫ゟ播州迄蒸氣船ニ
而五百人余乘込罷登同所ゟ旅行著坂之由
一右蒸氣船ハ頃日中天保山沖ニ懸居候ニ付此表薩州屋鋪ゟ見物致度候ハ
ヽ內々案內可致旨當御貸附勘定役神谷富三郎內緣ニ有之者ゟ申越候付
去十八日相越見物致候處異國ゟ六万両ニ買取候船之由巾八間長四十六

間〻申事ニ有之候拙承り候ゟハ大壯之懸之由帆柱も三本惣鐵張内雜作上段初部屋々々ニ至迄誠ニ結構大丈夫之補理ニ相見殘處なく見物致候ニ大炮ハ纔六七挺計りニ而其余武器類ハ一向不相分夥しき見物人ニ而今軍なとの發候躰ニハ更ニ不相見乘込之役人重き分ハイスニ懸り居とんと異人氣取ニ御座候船中ニブタも貳疋程居候趣ニ而荷物米穀等續〔積カ〕入㝡中京都ゟ相廻船ハ一昨廿日國元ゟさしく歸帆致候由ニ御座候去十三日夜欲當地薩州屋敷ゟ因州浪人之旨ニ而三十人計相越候由子細ハ不相分と言右之次第町奉行ゟ相聞右浪人儀ニ付而ハ兼而届も有之候付引渡方之儀與力申込候由之處引渡之儀難行届夫切ニ相成居候との説儀〔マヽ〕ニ有之候得共一向不取留事ニ御座候何れ浪人者ハ此表ニ余程居候哉ニ專謠申候事薩州ニハ黒田と兼而伏見ニ而出會候筈之約定ニ有之由然ル處黒田ハ播州大藏出口迄旅行之處持病之疝氣差起右驛ニ五日程逗留弥相重り候付國元ゟ引取候由是ハ實説と申事ニ御座候右之外種々浮説も有之

候得共猶以不取留㕝ニ有之乍勿論諸向ニも聞合候處し差當相分兼申候
其内別紙ニ寫取候佐竹屋敷文通ニ而今度の事柄ハ可相分哉と先々早々
申上候

四月二日

極内密ニ而寫取候間其御含ニ而御達可被下候よふ分而申添候

佐竹屋敷詰ゟ大坂同屋敷詰ニ之書狀之内書取

前略其表ニも噂有之哉此表當十四日夜四ツ時頃所司代酒井若狹守樣御
屋敷ニ軍勢御催促陳《マヽ》貝吹どら打ならし與力同心不殘甲冑拔身鎗鐵炮等
數挺持來り相詰若狹守樣奥方幷女中抔ハ等持院ニ去退珍事有之模樣ニ
候處其儘一切何事も無之惣人數も引取外ニハ極御内々之由なれども右
夜の騷動ハ不大方儀ニ付上邊之町家も相騷候㕝故翌日世上も色々噂も
有之候得共相騷何の主意とも申事更ニ相分不申小子も十六日石崎氏ニ參
り面會承り候處相違無之よし甚つまらぬ事と申れ居全間違ゟ事發り候

由此節ニ而ハ平日之心得調練之爲御催し之事と申居候由なれども全左ニハ無之由然處十五日朝薩州大守樣之御實父樣之由嶋津和泉と申人京都御屋敷へ伏見ゟ人勢五百人を申內鐵炮足輕三百人之由召連上京直ニ

同日

近衛樣ヘ參殿被申候處直ニ中山大納言殿初議奏衆不殘御打寄和泉ヘ御內談之上御參內ニ相成候由趣意此譯ハ不相分和泉ゟ

近衛樣ヘ參り候儀水府浪人幷諸浪人とも數百人計薩州ヘ參り願候は近年異國交易ゟニ付世上及困窮候付井伊樣右之通ニ致候へ共御役人方御改も無之故右御加談之御役人を打取異國船打拂致度候得とも浪人之微力ニハ難及ゆへ薩州樣ゟ御加勢被下度右御聞入無之候ハヽ無是非浪人打寄所詮難成就候得とも戰爭ニ相及可申文中ニも關白樣若州侯ゟ之御事も甚惡敷誌有之由尤薩州ゟハ浪人ヘ御看之由併是迄江戶表ヘ打拂之儀被　仰上候得とも御取込無之候付此度ハ　近衛樣ヘ奏達を以被仰立

候よしニ候因之十七日早飛脚を以久世大和守様を京都に御呼寄被　仰
遣候由右ハ　近衛様御家司ゟつぶさニ承り候儘聞傳申候因而嶋津和泉
も人數五百人ほど京都御屋敷ニ逗留久世様御上京相待居専御長屋健〔建カ〕増
普請致笹文店ホも皆々旅宿ニ相成夥敷旅宿噂ニハ蒸氣船ニ而三日目ニ
著致候と申事ニ候惣人數七百人と申事且又御加談ハ細川筑前長州も同
様との事ニ而長州御屋敷ニも五百人計追々上京是も日々長屋健〔建カ〕増普請
㝡中ニ御座候薩州ゟも人氣荒くと申叓ニ御座候御所司代ゟ當月十日傳
奏衆を以被　仰上候書付ハ兵庫大坂の間諸浪人夥敷集居候間何時乱妨
之程茂難計候得共決而
禁裏にも狼藉無之候間御安心可被下候若狭守様手勢を以不殘討取可申
との御書付有之由是無相違との事に御座候

一此程
禁裏御所ゟ堂上方に弥異國船打拂治定被　仰出候ニ付而も心一致ニ而

武備調練大切之儀被
仰渡有之由是も無相違事ニ御座候寂早打拂之儀治定ニ相成候様子ニ御
座候

四月廿一日　多門

範助様

一和泉ハ秀才之由衆人申候何分人才多分有之候哉都而之所置無滯行屆申候薩兵千五百人逼《逗カ》留高瀬川を引舟ニ而四月比ゟ今ヨ運送絶不申大炮凡百挺余持參其餘鑓銕砲共其數を玄ふぼ國許ゟ蠟燭師抔多人數召連日々多く出來鍛冶甲冑師大工職人夫々無殘所召連來候由

一長州方も自分屋敷ニ凡士七百人程談《詰カ》合有之追々屋敷内普請致し居被申候由去ル四月廿八日ニ七貫目より九貫目位迄之大砲を車臺共ニ七挺程東洞院を四条へ四條を寺町へと自分屋敷ニ引込候午前時分ニ見物人多く一同愉快讃歎仕候

（原註）十万三千五百石余若州小濱酒井若狹守

京詰山森銕吉ゟ申來廿三日著聞取書

先主宰相殿弟之由
薩州當主實父之由
嶋津和泉以前ハ山城守ト申由

右ハ去十五日朝伏見ゟ京著直ニ近衛樣ヘ參殿晝飯圓山之筈候処七時比伏見ヘ一旦引取直樣引返シ京錦小路屋敷ヘ暫之内逼（逗カ）留之由家來千人程召連候由

一大坂迄蒸氣船貳艘ニ而參候由

一右ニ付所司代屋敷大キニ取込候由十四日夜ゟ十七日迄家來之内甲冑著用拔身鎗抔ニ而備候由余程騷動ニ有之由尤老人子供婦人ハ千本屋敷ヘ立退候由

一所司代屋敷近邊町家ヘハ何時近火有之哉も難計候□老人子供ハ立退キ候樣導（達カ）有之由

一先達而以來所司代外出無之彦根
上使之節も一度も出勤無之由
一所司代家來ゟ比日中ニ四百人程も登候由
一十六日ニハ和泉所司代ハ被相越候処病氣ニ而逢不申候由
右之趣追々流布仕何事哉覽と下評浮說區々御座候得共先何れも是と申
儀も相聞不申候
一浮說薩州ハ異人打拂として江戸下り抔と申候
一今廿二日賀茂葵祭禮無滯相濟申候
四月廿二日差出ス
禁中おゐて別紙之通堂上方ゟ一同相心得可申樣との御趣意ニ而無急度
比日被　仰出候由
禁裏御內ゟ承候付寫シ取御內々御達申上候以上

四月廿五日　上田小太郎初三人

夷狄月々猖獗

御國威日々逡巡之儀深被惱

宸衷段々關東御往復有之終七八箇年乃至十箇年內是非々々以應接征討之

內何必可覃拒絕旨言上依之暫

御猶豫有之右期限者斷然可有掃攘候間武備充實海軍調練勿論之事第一全

國一心一同不相成候半而者蠻夷壓倒セラレ難儀ニ付先被開國中一和基源

度

叡念附願ノマヽ以

皇妹大樹被配偶

公武御合体宇內被表候深重之聖慮遐邇布告之海內協和

御國威更張機會不相失樣屹度可廻遠略儀与被思召候事

右一件

叡慮被爲在候尤改而被
仰出候儀ニも無之候得共爲心得內々
御沙汰被爲在候事
（原朱）
巽ニ壬戌四月八日於京都諸司代ニ相渡候御書付ト云

京都異變之趣同所ゟ桑名ニ申來桑名より高須ニ申越
當月十五日御諸司代酒井若狭守樣御屋敷殊之外混雜之樣子ニ而御出入
之焚出し屋夜通焚出し候由御屋敷與力同心幷町奉行附之與力同心何を
も甲冑なと手當致し往還候由御屋敷四丁四方御觸有之千本火之見鐘撞
出し候ハヽ立退候樣との御沙汰ニ付近邊之市町殊之外怪入申候何欤怪
敷者ニ而も入込候哉抔と申唱候尤
御所御門外晝夜御附組與力同心相廻り申候御諸司代ハ
二條御城ニ御入之手筈ニ候由

一同日薩州侯近衛殿兼而御親類ニ而御出之由
一薩州細川御両所ゟ所司代ヘ向ケ異國退治之綸旨頂戴之儀被相願候由諸司代ハ先比彦根侯
御上使之節ゟ御病氣ニ而御案内無之由十五日薩州侯御泊之処同所權現山ニ而狼煙を上ケ候由御諸司代より江戸表ヘ早打出候由何分ニ而不穏事ニ御座候乍去先今日まて無事ニ罷在候間御安心可被下候一条も先々安心之躰ニ相見申候所司代御家中女中方ゟ京詰之方ゟ多く有之是ゟ双方ヘ被立退候由
一水戸浪人之由三拾人計横濱ヘ立越異人古役人ホ討取候由風聞仕候
四月廿五日
京（原朱）
風聞之趣書取

別紙茶屋手代承合書ニ相見申候一昨廿三日夜所司代衆御役宅騒動之趣猶更内探仕候処同夜四ッ時頃薩州家來五拾人程大坂表ゟ船ニ而罷登伏見船宿寺田屋と申方ニ著致し候処家中同士口論之上及刄傷即死手負之者も有之右之趣此表薩州屋敷ニ注進いたし其段所司代衆ニ相届候否御役宅騒動ニ相成候哉ニ相聞申候且右及刄傷候付伏見ゟ注進又も此表薩州屋敷より伏見ニ相越候者共ニ而往還筋及騒動候趣ニ風聞御座候事

四月廿五日

薩州人數上京有之候付去ル廿二日市中風聞承合御達申上候処其後之模様猶更承合御達可申上様御談之趣承知仕候右薩州侯人數其後猶又四五百人計も上京ニ相成追々人數相増候付右屋敷々々近邊町家ニ追々下宿被申付候由ニ御座候

一長州侯上京之風聞御座候付承合候処大膳大夫殿御儀來ル廿七八日比上

京相成當地河原町三條上ル貳丁目長州屋敷に御逼《逗カ》留ニ可相成由ニ而先
登り之人數貳三百人程上京いたし右近邊之旅籠屋ニ下宿被申付逼《マヽ》留ニ
相成候由ニ御座候今分之風聞ニ而ハ薩州程之多人數上京之樣子ニ茂不
相聞候得共何分國主上京之義ニ付御大造ニ可相成と被存候

一細川侯土州侯雲州侯よりも追々人數被差登候由風聞御座候得共虚實難
相分候

一加州侯仙臺侯御人數も上京之由申觸候へ共是ハ全虚説ニ茂候哉右屋敷
に由緒有之者ニ承合候処右樣之義ハ一切無之趣ニ御座候

一彦根侯ゟも人數被差登候由風聞御座候付右屋敷に由緒有之者に内々承
合候処兼而
禁裏警衛被　仰付有之候付當地詰之人數千人程御座候処此節右人數詰
替ニ而交代之輩罷登り候処前顯之通不穩之風聞も御座候付詰明歸國可
致輩も右屋敷留守居之計ニ而當分歸國差留メ在京之筈ニ相成候付此節

ハ人數相増候得共今般之一条ニ付別段人數被差登候譯ニ無之趣ニ相聞申候

一所司代衆屋敷内如何樣之譯ニ候哉猶又一昨廿三日夜不怪騷立武具鉄炮ホ持出シ組下之人數ホ集メ去ル十五日之夜同樣大騷動被致候由相聞候付内々承合候得共何故之義とも申趣意一切難相分候得共家中一統身固メ以ゑし武具揃立出張之用意被致候ニハ相違無之趣ニ相聞申候且又國元ゟ人數貮千人程も追々ニ上京いゑし候由ニ御座候

一傳　奏衆ニ而内々承合候処於御所別段相替り候義ハ其後無之旨ニ御座候右之通御座候由内々承合申候因而此段御達申上候以上

戌四月廿五日　上田小太郎

尾張前中納言殿御事先達而御愼御免被

仰出候節御在國ホ御願被成候義も不宜且又大納言殿ニ而度々御對面被成候儀ハ御斟酌被在之御親族方其外他ゟ御面會又も御文書御往復ホ之儀都而御遠慮被有之候樣ニとの御內沙汰之趣相達置候処　思召之御旨而被爲在候ニ付先年御不興之筋ハ皆耍（悉カ）御看免被遊候間以後（イ都而）平常之通御心得被成候樣被
仰出付而も
御對顏而被遊度
思召ニ候間近々御登　城之儀可被
仰出との
御沙汰ニ候此段大納言殿前中納言殿ゟ可被申上候

　右於芙蓉之間尾張殿家老竹腰兵部少輔ゟ紀伊守申渡之書付渡老中列座

刑部卿殿御事先達而御愼
御免被

仰出候節御親族方其外他江御面會被成候儀ハ（余ハ同文ニ付中略）此段刑部卿殿江可被
申上候

右土圭之間おゐて一橋附家老江同人申渡之書付渡列座同前

松平越前守（原朱）茂昭

松平春嶽事先達而慎
御免被
仰出候節在所江相越候義ホ難相成且又親族其外面會又ハ文書往復等之儀
致遠慮候様ニとの御沙汰之趣相達候処
思召之御旨も有之候付先年御不興之儀御皆（マヽ）委御看許被遊候間以後都而平
生之通可相心得旨被
仰出候此段春嶽江申聞候様可被致候

松平容堂事（余ハ同文ニ付略之）此段容堂江申聞候様可被致候

松平土佐守（原朱）豊信（館カ）

右今曉紀伊守宅ゟ呼出書付渡之
但土佐守ハ在國ニ付一類之内呼出書付渡之
申渡候書付

御留守居次席
御勘定奉行
小笠原長門守

外國奉行
水野筑後守
大久保越中守

御目付
淺野伊賀守

御勘定御使役
菊池大助

外國貿易稅則再・（脫アルカ）之儀之期限も近寄候間右御用取扱可申候

右於新番所前溜和泉守申渡之列座無之酒井右京亮侍座

以上

○戊四月

刑部卿慶喜卿御筆寫

此度厚蒙

上意其上既ニ登

營迄被

仰出候義も是迄家老初皆々厚相心得取締ゟ宜故と深く大慶いたし候乍然是迄皆々不自由之儀ゟ有之候半と甚氣之毒ニ存候尚此上取締方大節〔マヽ〕ニ可有之候就中側廻り之儀も尤大節〔マヽ〕ニ而側廻り之者謹よたハ則此方之謹よたふそく側廻り之者不謹ハ則此方之不謹ニ當る事ニ而當今ハ世上之者ゟ深く目を附居候時節故側廻り之者ハ別而大節〔マヽ〕ニ可有之

候若者抔悦之あまり是迄之欝を散せんと万々一遊參抔之門出候樣之義なと有之候而も宜しからず候是迄皆々謹よく取締り方宜しきゆへ斯る厚き

上意も蒙り候義と深く大慶ニ存候尚此上之処厚相心得家老用人共を初他江對し候而茂謹ミよく萬事手ゐくよ《かへカ》いたし候樣得と相心得側廻り之者江茂廉立ぬ樣寄々相話置候樣存候事

四月

嶋津和泉殿上京之趣意町奉行所與力手前内々承合御達可申上樣御談之趣承知仕町奉行大久保土佐守殿組同心山下郡助義も懇意ニ而有之殊ニ御出入も被　仰付候義ニ付先々同人方江罷越及面會御談之趣申聞内々承合候処今般之義ハ御國政ニ而拘り候御事柄ニ相聞候故町奉行所抔ニ而も委敷義ハ一切不相分不都合之義申上後日迷惑筋ニ相成候而も恐入

候次第ニ付聢と御答申上候義も不相成候へ共右組ニ而推量之処相咄候
由ニ而申聞候次第左之通
一嶋津和泉殿去月十六日上京之節之届振も今般參府致候付　近衛様に立
寄度旨ニ而所司代衆に被申達候由
一右同日　近衛様に參　殿致シ候而議
奏衆に被申立候ヶ条も何事欤不相分候得共數ヶ条有之候由其内此節浪
人共不容易義を企候義御座候間不事立様取鎮メ度旨被申立候由夫ニ付
右浪人共不致狼藉様爲可被
叡慮安暫ク在京有之候様被
仰付候旨依而當地屋敷ニ逼《マヽ》留いたし候旨再所司代衆に被申達翌十七日
同勢不殘當地に被引寄候由
一嶋津侯初諸侯方ゟ被申立候御趣意も安政五午年　水戸前中納言様御初
被

仰立候御趣意之方清論ニ付其節之御評議ニ復
公邊御所置御改ニ相成候樣との御申立之趣ニ相決候由

（原朱）江戸

四月廿五日薩州侯留主方ゟ於江戸上達之趣

修理大夫實父嶋津和泉事先達而御屆申上候通江戸表江用向有之致出府
候途中大坂表ニ而諸國浪人共寄集相待居不勘辨ホ之儀申立候ニ付程能
申諭置候得共不致承伏候ニ付不致散乱樣家來之者江手當申付置伏見迄
相越兼而
近衞家江縁組致内約（イ談）候ニ付酒井若狭守樣江御屆申上上京參殿いたし候
序浪人共事情御内話申上候趣御座候処其段（イ後）達
叡聞議奏衆ゟ別紙寫之通
叡慮之趣御書取を以被

仰渡候間去十七日京都屋敷ゟ相越滯留罷在候段申越候此段御屆申上候
以上

松平修理大夫内

四月廿五日　　西　筑右衛門

別紙

浪士共蜂起不穩企有之候処嶋津和泉取押候旨（イ段）先以
叡感
思召候別而於
御膝元不容易儀（イ於）蜂起實々被腦（惱カ）
宸襟候事候間和泉當地滯留鎮靜有之様
思召候事

右七日出江戸便川問ニ而五月十四日急（著カ）内々寫來ル

一江戸表去月廿五日御差立之急御用狀一昨晦日所司代衆ゟ申來候義も於
江戸表左之通被仰出候由

前中納言様（原朱）慶恕
徳川刑部卿様（原朱）慶喜

以後都而平常之通御心得被成候樣被
仰出就而も
御對顔も被遊度
思召候間近々御登
城之儀可被　仰出との
御沙汰ニ候旨

松平春嶽殿（原朱）慶永
松平容堂殿（原朱）豐資信カ

以後都而平常之通

東西評林

右之外ニ而御沙汰御座候由右ニ付於京都ニ
鷹司入道准后様御初御落飾之御方々も御愼ミ被爲
免御參　内被　仰出候義ニ御座候間右之通被　仰出候上ヽ諸浪人共之
寸志も相立候ニ付穩和ニ可相成道理ニ而定メ而追々古主家江被　召返
候半と被存候旨
一御老中方何れ近々御上京可相成趣ニ付其上ニ而
御所置御改ニ可相成欤左候ハヽ先夫迄ハ嶋津矦初之人數ハ引取申間敷
哉ニ被存候旨
一長州矦御上京之儀も右薩州矦御同様之振ニ而別段達候趣意ニヽ無之候
由且又細川矦土州矦も人數被召連近々上京ニ可相成由風聞御座候
右之通内々承合申候依而此段御達申上候以上
五月二日　上田小太郎

鷹司入道准后（原朱）政通
近衛入道前左大臣（原朱）忠熙

右以深　思召關東ニ
御沙汰被爲在自今參　內已下万事平常之通被心得不及慮遠由被
仰出候

鷹司入道前右大臣（原朱）輔熙

右以深　思召關東ニ
御沙汰被爲在自今愼解參　內已下萬事平常之通被心得不及遠慮由被
仰出候

獅子王院宮

右以深　思召關東ニ
御沙汰被爲在自今被免永蟄居爲青蓮院門跡隱居參　內已下万事平常之
通被心得不及遠慮由被

仰出候

右之通去月晦日被　仰出候旨
九條様御儀關白御辭退之義去月晦日被
仰上候得共未タ其儘ニ而　御沙汰不被
仰出候旨
右之通御座候由承合申候以上
　戌五月二日
京風聞之内一向流布少キケ条共
一和宮様御稱呼之事被爲在
思召候間於
御所向ハ是迄之通被稱
和宮旨被
仰出候旨宰相中將被申渡候也

上田小太郎初三八

四月十七日　（原朱）今出川右中將實順

一四月十九日於　宮中御番頭被申傳候事
過日所司代ゟ武傳迄差出候書取之趣ニ付而も於世上彼是風説も可有之候得共此度嶋津和泉上京申上候儀有之候ニ付浪人共取押之儀も右和泉ヘ内々被
仰出置候間依不愼(ママ)風説動謡(ママ)無之様爲心得中山大納言殿御噂之事
一嶋津和泉諸司代ヘ上京之届ニ参り候節口上之趣今般御縁談ニ付近衛殿ヘ参殿仕候序ニ水府浪人共召連兵庫大坂邊ニ差置申候と申入候由

（原朱）京

四月十日諸司代ゟ傳奏ヘ爲差出候書付
一此比道路之風説を承り候処西國筋之浪人共多人數兵庫大坂邊ヘ集り彼是不容易暴論を唱候趣ニ有之尤支配國外之儀ニ付巨細之儀も難相分候

得共全虚説而已ニ而も有之間敷哉付而ハ宮家之方々諸藩士等ニ
御直談之儀ハ兼而御規則も有之候事御承知之儀とハ存候へ共万一御行違
之廉も出來自然去ル午年八月八日之覆轍を踏候様之儀有之候而ハ以之
外之御次第ニ可至深御案思申上不堪苦心内々申上候既ニ此度格別之御
縁組も被爲在
公武之御中御一和之上御一和ニ被爲在候処只今聊ニ而も御異論之筋相
生候而ハ實以　公武之御爲不御宜候儀ハ勿論東西之諸臣ニ有之候而ハ
深恐入奉存候事ニ御座候必々卒爾之御所置無之様仕度奉存候此度浮沈（浪カ）
之輩暴戻之説を唱候由ニ候得共奉對
天朝動干戈候様之儀ハ普天之下卒（率カ）土之濱如何様卑賤之者といへとも人
心固有せる所決而有之間敷哉ニ御座候必々御驚動被遊間敷奉存候併反
逆野心之徒有之萬一於
王城地動干戈脳（惱カ）　宸襟候者於有之ハ私所司代役相勤候限りハ若州一國

之力を盡し勿論諸家御警衛之者共を指揮致し誅伐可仕候間御安心被遊
必々御輕易之御取計無之樣仕度奉存候是全ク　公武之御爲盡微衷候義
ニ御座候右之段決而表立申上候儀ニも無御座候へ共全ク
御爲筋を存上御両役限り申上度儀ニ御座候事

四月十一日　(原本)酒井若狹守忠義

廣橋一位殿

坊城大納言殿

原註　右切紙一紙

別紙之通酒井若狹守ゟ両役迄申越候間爲御心得入見參候尤武家御直談
有之間敷儀も御規則之儀故申迄も無之候得共尙又爲念申入候且右ニ付
而も自然御行向先おゐて武邊者御出逢夫ゟ御噺御咄合之儀出來候而も
不宜候間御心得も可有之欤急度關白殿被　命候事

原註　右同斷

四月十五日御觸書ニ相成

別紙貳通爲心得新大納言殿被相渡候……………………

（原朱）醍醐中納言忠順

修理大夫實父和泉事依
勅命致滯京居候段ハ先達而御届申上置候然処大坂表不致散乱様手當申付置候浪人共多人數京都ニ駈登候趣相聞候ニ付京都より鎮方伏見迄家來之者差出候処修理大夫家來共ニも立交居候而精々理解申聞候趣有之候へ共一圓不致承伏別而不屆至極ニ付此方家來之内八人打果外人數ハ無異儀取鎮不取敢京都屋敷ニ留置委細之儀伏見御奉行様京都御所司代様ニ御届申上置候段申越候此段御届申上候以上

四月廿九日

松平修理大夫家來

西　筑右衛門

（原朱）江戸

一松平美濃守儀　公邊ゟ急々御召之処筑前福岡ゟり播州大藏谷迄相越病

氣と申立四月十五日ニ右驛ゟ國許江引返被申候右御達四月廿九日ニ御
屆相成申候

水戸殿家來出奔致候者

關 新兵衛

右も去々申三月三日外櫻田乱妨之内此比水戸樣ゟ御領内ニ而御召捕之
趣ニ而町奉行所江御差出しニ相成申候

廣木松之助

以下三行原朱
元、、、茄安賀專養寺住職其後道院當
時海東郡戸田村西性寺ノ懸リ人悴十七
八才ノ頃出奔當戌廿五六才

右之者越後新潟表ニ而此節御召捕ニ相成道中道筋大名江御守送夫々江
被 仰付候

一中川修理大夫家來十三人國元出奔御達有之

一松平土佐守家來國元六人出奔御達

一薩州立花毛利黒田有馬長門ホ家來出奔有之候得共表向も屆無之

一豊前小倉在ニ三百人餘楯籠居候由風聞ニ候
一此節軍艦御製造懸り御役人被　仰付候由少々おさつきらけ申候
一外國懸り水野板倉ニ相成申候
一五月二日ニ外山様に久世板倉被相越夜ニ相成候由
一五月四日ニ松平肥後守殿に已後重立候御用御談有之候旨被
仰出候
一御殿山異人屋敷ハ此節普請專ニ懸り居申候
一先々此地ハ至ヵ靜ニ候得共御老若之御退出ハ遲刻ニ相成申候
一來々丑年
日光様御年回ニ付此節御普請取懸り申候由
一此節は両山　御參詣之御成折々有之候
一京地之次第薩州ゟ達之趣計ニヵ京地御役人衆ゟ申越之趣一向見當り不
申候其御地ニヵ風聞相分り候ハヽ御序之節御申越可被下候

（原朱）江戸

水當君ハ一向評ニて無之御方と存之外追々乱妨等に付國中家來共治方手ニて餘實御心配之旨去年閣老列座之節被仰候由ニ而閣老之内被申候も御心配ニて御尤千萬存候御國中之儀ハ如何様とも御取計方ニて有之候得共夷人共申ニも兎角和熟之邪魔をするハ水戸なれハ水府へ罷向んと申内存ニて有之哉ニ相聞私共おゐても心痛致し居候旨おつニなり申候得も當君顔色を和ふな我等ハ將軍家ハ勿論各方へ對し家來共治方行届兼色々之儀仕出候をお於極々心配仕を右夷人申条ハ必々心痛ニ不及いつなりとも夷人左様ニ申出候ハヽ無遠慮國元に差越呉可申其儀ニおゐてハ頓と斟酌ニハ不及と被仰一同眼と眼を見合候よし其已來御登城ニて三度ニ壹度なふてハ無之何於申と御隱居之儀被　仰出九郎麿をも申事を被仰閣老もしめけむなく存候程相成候と御家人の直咄ニ承申候

一清川八郎ハ當地神田お玉ヶ池ニ居去年ハ風を喰立退候よし此節越後新潟ふて召捕ふを四五日以前本郷を通り候由其節警固之人數驚く計ニ御座候と申事本郷筋を網乗物中謠を唄ひ參り候よし

一會津肥後侯上京外國奉行大目付大久保越中守隨身と申事も承り候

（原朱）一説

水戸九郎麿樣先達而越後新潟ニ而ト筮ニ身をやつし居被遊候處御召捕ニ相成去ル三日評定所ニ御著之由御乗物ハ長棒ニ網懸右御固之者弓鉄砲七十挺程ニ而警衛罷下御座候由

右九郎麿樣ハ安政六未年御逝去之由御達相成居候処斯之次第乀

（以下二行原朱）前文ニ云去年迄神田於玉ヶ池ニ有之候清川八郎之事成欤今ハ廣木松之助ト名乗同人ニ哉

去ル廿五日市中風聞承合御達申上候其後之模樣猶更承合候處嶋津侯之

人數ハ猶追々上京も有之相増候様子ニ而右屋敷地續之家屋被買上取繕等被致追々屋敷手廣ニ相成候由ニ御座候

一長州侯之人數茂上京之趣去ル廿五日御達申上候通弥一昨廿八日松平長門守殿御上京ニ相成右屋敷ニ逼（マヽ）留被致従者上下惣人數千百人程も被召連候由ニ而右屋敷近邊之旅籠屋且町家等ニ下宿被申付候義ニ御座候右人數之内今般長門守殿江戸表より被召連候者計ニ而も無之國許ゟ罷登候者も過半有之由ニ御座候當地逼（マヽ）留之日數も四五日程之趣ニ茂相聞又ハ大膳大夫殿近々上京被致候筈ニ付夫迄長門守殿在京ニ相成候趣ニ茂相聞聢と難相分尤武具鉄砲之類夥敷運送ニ相成右屋敷江持込候趣ニ御座候其余別段相替り候義無御座候

右之通御座候由内々承合申候因而此段御達申上候以上

戌四月晦日　　上田小太郎

壬戌五月二日松平大膳大夫慶親（原朱）上書

（原註朱）

國是　楚孫叔敖曰夏桀商紂不定ーー而以合其取舍爲是不合其取舍者爲非　説苑

宋陳了翁論ニメーーヲ奏レ状

獻芹　野人有快暴背美芹子者ーニセバ之至尊ニ雖有區々之未ニ已疎也　嵆叔夜与濤書

外夷鎭撫　御國威更張之御所置ニ付而も乍憚
公武御深意御合可被爲成速ニ御國是を被成御定海內和協　御武威海外ニ輝候樣被　仰付候外有御座間敷と奉存候ニ付越俎之罪を不顧鄙意申立候処献芹之微意不被爲捨置深重之
御內慮被　仰聞置　御誠意を奉感戴微者弥増不得止於京都堂上之御方々迄前段之旨趣內々申上候処恐多くも被爲達
天聽今般私儀上京仕候ハヽ御沙汰之旨ニも可被爲在由　御密旨被　仰下冥加至極難有仕合奉存候因之尙又熟考仕候処不得止とハ乍申私式外樣之身分として直々奉汚
天聽候段甚以奉恐入候ケ樣之儀自然列藩并草莽之志士承及天下之公論と存付候事件
公儀を差越直ニ
朝廷江申上候而不苦樣心得違自己之了簡を以每々上書抔仕候樣成行候而も識見之所及小異有之可奉惑

（原注朱）壓シツムル

天聽當〔尙カ〕亦　神州之御國躰ハ鎌倉以來——幕府を被建置大政御委任被
成置候而列藩以下直ニ奉汚
天聽候而も其事之得失ハ論遑無之幕府を輕蔑仕筋ニ相當り　御威光不
相立候幕府之　御威光不相立候而ハ列藩各
朝廷を戴
敕命を乞請幕府を要シ終ニ群雄割據之勢を釀出し海內分裂天下之公論
を歸著もる所無之別而外夷侮を招キ　御國威弥及衰弱可申候憚乍
將軍之御職分ハ上
朝廷を御敬戴下列藩以下を御鎭壓天下之公論を被成御綱括候而
叡慮御遵奉禦侮之御手數被成御行届候樣可被爲在候段申上迄も無御座
候事ニ而今般　公方樣御上洛御國初之御光耀を以列藩已下豫參被　仰
付當時御初政ニ付天下と御更始之　思召を以御國是如何仕相定可然哉
各存意申出候樣被　仰聞列藩建白之旨趣御熟考叡慮御伺被成　敕諚

原註朱
確《カク》カタシ

台命を以御國是御催定之旨列藩ゟ被仰渡候ハヽ衆人和協御國威更張之御發端無之候儀も有御座間敷萬一豫參御斷申上候欤或ハ御國是御確定之旨違背仕候者有之候ハヽ
敕諚　台命を蔑如仕候儀ニ付無據嚴譴被　仰付候共申分有之間敷と奉存候此段篤と御評議之上御内決之旨被　仰聞被下候ハヽ私儀速ニ上京仕　御旨趣大要申上候而可有御座重大之事件容易申達候段千万奉恐入候得共
神州之安危之境此一擧ニ有之御事欤と奉考思㝡早深重之
御内慮をも被　仰聞置候儀ニ付旁不得止申建候儀ニ御座候間不惡被
聞召可被下候以上

五月

大原三位殿

當月中旬爲
敕使關東ヘ參向御內意被
仰出候事
但御發途日限宿割々之儀も未相分候間猶又承合相分り次第御達可申
上候
一文久二年五月九日　宣
任
左衞門督　大原重德卿
推任之事雖家例無之今度格別
御用勤仕之間被宥許猥ニ不可爲後例被
仰下
右之通御座候由承合申候以上
戌
五月十日　上田小太郎
宮城源太郎

福井藤次郎

今度大原三位殿爲
敕使關東ゟ參向被
仰出來ル十五六日比當地御發途之由相聞申候付而も右御用筋內々承合
候處所司代衆ゟ被
仰達候も先達而御老中方御上京之儀被
仰出候処急ニ御上京も無御座樣子ニ付此方ゟ右御用之儀被
仰出との趣ニ御座候尤嶋津侯初諸侯方ゟ被申立候儀ニ付而も〔之カ〕御用柄と
被存候由傳
奏廣橋家ニおゐて內々申聞候義ニ御座候
一嶋津和泉殿義來ル十六日比當地發途江戸表ゟ被罷下候趣ニ御座候人數
之義ハ不殘被召連候樣子ニ而無之當地も引拂伏見大坂才ゟ過半引取候

哉之由ニ相聞申候
右之趣内々承合候付御達申上候以上
五月　　　　　　　　　　上田小太郎

○戊五月朔日

松平長門守廣定（原朱）使者

拙者儀今日爰許出立可致之處所勞ニ付延引いたし保養仕度因之使
者を以申達之候
右昨晦日爲御伺御機嫌所司代御役宅ニ御出有之御逢有之候事

同日長州侯ニ被　仰下候御沙汰書寫
其許此度通行ニ付暫京都おゐて滯在候樣頼
思召候儀も元來其家儀も元就卿被重
朝廷候儀共今更御沙汰も事新候右ホ御由緒も有之兼々殊ニ

思召ニ而被爲在候処先達而父大膳大夫戎夷跋扈
御國威逡巡之儀被相歎勤王之志を主とし幕府を助ケ至治の基を立度
趣意ニ而柳營申談之上ハ公然と
公武之御間ニ周旋全く
叡慮ニ被爲向候処を幾重ニ而丹誠有之趣を以家臣永井雅樂委曲之事
情内々言上國忠之段深御滿悅被爲在候然処雅樂儀俄ニ歸府ニ付而も
大膳大夫建白之趣旨ニ而未致撤底御殘念と　思召候処幸其元上京ニ付
而ハ父朝臣之深意ニ随ひ程能周旋可有之欤　依賴思召候此段内々可
申達との御沙汰候事
但當時浪士蜂起鎭靜之処内々嶋津和泉ニ御沙汰被爲在候得共其藩
ニ屬し候輩も不少旨ニ付同様取締并方今非常之變何時可生ニ而難計
形勢ニ候其節ハ薩州と力を合可有鎭靜之計是又
御沙汰被爲在候事

○五月五日中山大納言殿ゟ長州家來浦靫負御召ニ而御渡ニ相成候御書付

寫

一國忠之段　御滿悅之事

一父朝臣深意ニ隨ふ事

右ハ永井雅樂を以言上ニ大膳大夫夷戎跋扈

御國威逡巡候を被相嘆候而外藩幕府之政事ニ不携制禁も有之候処其

儀ニ不拘諸有司ゟ說得し公然と

官府之御間ニ周旋候事　君臣之名分を正し先年來違敕之廉田安大納

言上京御理可申上周旋可致との事年來

御國政關東ゟ御委任ニ被爲泥幕府諸有司之存意を御斟酌被爲在折角

之

思召をも婉曲ニ被　仰出候処

叡慮之御旨撤底不致而已ならず却而

公武之御間柄如何之儀も出來いたし候故此度ハ何事も斷然迄被　仰出候左候ハヽ諸有司も恐入拜伏可致何事も斷然と被　仰出候ハヽ主人ハ素より雅樂も
叡慮之被爲向候儀ニ隨ひ幾重ニ茂周旋可致との御事

一建國之旨未撤底　御殘念ニ
思召候事
右ハ永井雅樂半途ニ而引返相成候ハ全關東おゐて安藤對馬守再出以下之輩幕政不正ニ付而ハ大膳大夫周旋之途も相塞候付右周旋茂辭退之由付而ハ關東江建白趣意不致撤底候而忠誠茂空敷相成
御國是茂難相立段を　御殘念
思召候事
但長《永カ》井雅樂指向候建白之儀ハ
御國是右樣之御事ニも可有之哉試書被指出候儀ニ而

敕儀者勿論上州〔列カ〕藩ゟ下□〔藹カ〕薨ニ至迄高等之説有之候ハヽ其説ニ随ひ
違儀無之候旨言上候且右建白中
朝廷御處置聊謗詞ニ似寄候儀茂有之　御殘念茂被爲在候得共是等
者主人上京之上委曲御辨解可被爲在候併國〔開〕國航海之儀者第一御國
中變動不容易儀ニ而輕易ニ
叡慮難被遊天下之衆議被
聞召候上之事ニ可有之と
御沙汰被爲在候事
一浪士鎮静之事右浪士勤王之志を以蜂起候を被惱
叡慮候ニ而者無之儀申迄も無之候得共
叡慮之趣關東江被
仰下候儀有之候然処自然暴發等有之候而者叡慮之所茂齟齬候ニ付唯々

朝廷之御所置を鎮静ニ相待候樣ニとの
御事
外所司代より傳奏両卿江言上
詔書　勅問之上關東江之別
勅之旨
右貳通ハ或三位卿之御寫ニ候事

京都ゟ差越略日記
一四月十五日晴島津和泉人數七百人伏見ゟ東洞院上京屋敷江不立寄　陽明樣
江參殿未刻比若御所大納言樣御對面御用談中
議奏中山大納言殿　正親町三條大納言殿　附添岩倉少將殿
右被召寄御用談有之夜ニ入公卿方御退出島津も夜半比京屋敷江退出畢
一十六日近衞大納言樣御參　內御役人方御寄合奏聞之儀有之候由　關白
殿被召候得共御所勞御斷第三度

勅命議奏野宮宰相中將殿御行向ニ付申刻比殿下御參　內夜半御退出
一十七日島津和泉ゟ內々申上候西國浪人三千余人取鎭方御內々被　仰付
右ニ付京都滯留島津ゟ所司代ゝ届有之
一廿二日伏見船宿おゐて薩州家中相互ニ爭論及傷候而卽死之者有之
一廿四日長州若殿上京依所勞滯留之旨所司代ゝ届有之日數定無之由其後
攝家宮方御緣續方ゝ參殿被致候由長州京留守居薩州同留守居外々家中
共中山殿正親町三條殿ゝ日々參殿いたし候由
一三十日夜鷹司入道太閤公近衞入道左府公鷹司入道右府公粟田前天台座
主獅子王院宮右是迄蟄居被　仰付有之処格別之
叡慮を以被差免如平生參　內才被爲免候事三條故入道內府公も御同樣
之処薨御御殘念思召候付拜領物有之翌日息男少將殿右廟所二尊院ゝ御
參詣　勅命之旨且拜領物寺門ゝ寄附　黃金と反物之由
一兼而老中久世大和守殿被召

一五月八日御役人方御參集此度關東ゟ別　敕大原三位重德卿御請卽日任左衞門督來十六日御發輿御治定
一十二日御參集　敕使御發輿御延引
一十七日近衞入道左府公ゟ島津和泉事三郞御對面願之処御斷ニ而御延引之処今日無是非御對面被　仰付候得共一通り之儀ニ而御用談も聊以無之由之
一廿二日大原殿關東ゟ御發輿島津三郞道中警衞之由人數七百人と申事大原殿人數百人と申事
一廿九日近衞入道公鷹司入道公　思召ニ依而入道　御免鷹司入道太閤公も御同樣ニ候得共御老年之事故隨意ニ可致との　御命之由
一六月七日近衞前左府公關白職御內命來ル廿三日關白宣下
　老中久世大和守殿ニて所勞差重り上京御斷之由依之板倉周防守殿上京可被致候へ共養家之妹死去ニ付八月　日迄服中ニ候得共憚無之哉

之旨

通用申來候由所司代關東ゟ被召當月六日

禁中ゟ御暇被下十一日發足ニ治定之処大病ニ付延引家老發足有之候事

一酒井雅樂頭殿當月十日京著寺町通り今出川出る本滿寺ト申日蓮宗ニ御

滯留非常之節參內致し候樣ニと從

禁中被

仰出候事

右之件々ハ全く風聞而已之事ニ而聊ゟ御達も無之事ニ御座候事

六月

島津三郞ゟ取次ニ而議奏

中山殿ヘ指出候書付寫

戎狄是膺荊舒是懲トカヤ赫々タル

神國蠻狄來而寇　事久シ四海萬民怨嘆不少苟モ　德川家譜代恩顧之士不

忍見因之去ル申年三月常州久能郡高口村郷士宮田瀬兵衛老中内藤紀伊守殿ゟ罷出申立候趣去ル三日櫻田おゐて大老家ゟ及狼藉候儀恐入候得共是以不得止之次第ニ而且以私壹人罷越候儀無別儀此度申上候人數三千五百人一同罷出御願可申上儀と奉存候得共左候得ハ
公義御城下を騷し候義恐入候間私壹人名代として罷出申上候狼藉共
公義御定法之通御仕置被下候様奉願上候其上ニ而
前中納言殿天保十四卯年上書之趣丑年墨夷渡來之節駒込屋敷ゟ老中牧野備前守殿御呼寄ニ相成黄昏ゟ曉迄御政務之大要被仰聞其節ヶ様成事有之をも左迄驚ク事有之間敷由及承候此度一味之者共一同歎願之趣何卒
前中納言殿上書之趣御用ひ相成夷人交易御停止ニ相成候ハ三千五百人之者難有奉存早々退散仕山林ゟ身を隱シ
公義御政道難有奉存候様及愁訴若又御用ひ無之時ハ天下万民之ため一同會合如何様之儀仕出候も難計之旨訴申上候処即日菅沼新八郎ゟ御預相

成候而已なふれ叛逆同様之儀被　仰付候儀徹運之至欤然る処昨年ゟ米穀次第ニ高直ニ相成自然天下一同之不作之年ニ候へハ無是非候得共去秋ハ諸國共作方相應ニ出來國所ニより十分之出來ニ候ニ大飢饉之年ゟ高直ニ候儀ハ全く交易故と存候米穀之儀ハ

公邊御許容無之候得共麥万俵大豆四万俵是ホ公邊御許ニ相成候欤其外油樽四斗樽或ハ箱ニ相詰交易ニ相成米凡三百万俵余ニ及候を有司之輩全く不知顔ニ打過候儀如何ニ候全く賄賂ニなつミ候儀と奉存候鉛も武用之第一米穀ハ万民之食物兵粮鉛不足ニ而も何を以く異國又も本邦之警衛何としく可相成其外油をミ絹布太物以下萬民日用之品を撥〔マヽ〕し候事日本國中之人民之飢寒をも不顧自己之私ニ走り候儀と奉存候且又去ル三月以來堀織部正如き智勇之士を切腹爲致又も一々毒殺ニ相成輩是以誠忠無二金鋏の人を情なく非命ニ死せしむる事驚歎之事ニ而佞人を愛し正義の士を憎ミ專ら利欲を口〔恣カ〕ょしく四海万民之歎をも不顧自己之樂を極る事鬼畜とや可

申苟も人心有之輩ハ同様戰々競々として虎の尾を踏薄氷を復《履カ》思ひをなし
囂聲街ニ滿ツ依之三千五百人一同會いたし天下万民のため夷賊を討罰《伐カ》之
儀申合薩州仙臺長州土州佐賀宇和島柳川熊本を初として人躰之陪臣不少
候得共同志之人々天下之爲ニ誠忠可有之也勿論
公邊ニ御敵對申候儀ニ而も無之候得共夷賊征伐之妨をなし候人々ニも無
據一矢仕候而奉安
叡慮候間四海人民患を除き諸人泰山之安をなしく榮安ならん事を希而已

大原重德卿ヲ以
敕命
朕惟方今時勢夷戎恣猖獗幕吏失措置天下騷然萬民欲墜塗炭
朕深憂之仰耻
祖宗俯愧蒼生而幕吏奏曰近來國民不協和是以不能擧膺徵《懲カ》之師降嫁

皇妹於大樹則公武一和而天下戮力以掃攘夷戎故許其所請焉而幕吏連署
曰十年内必攘夷戎
朕甚喜之抽誠祈神以待其成功昨臘
和宮入關東也使千種少將岩倉少將諭天下大赦之事且告曰國政仍舊大概
委於關東至如外夷之事則我國一大重事也係其國体者咸問
朕而後定議或使二三外藩臣預聞夷戎之所置幕吏對曰
宸意之事甚重大難遽奉行請暫猶預既頃日列藩有獻議者如薩長二藩殊親
來奏事且山陽南海西國之忠士既蜂起密奏云幕吏奸徒日多正議悉(委カ)地而蔑
王家睦夷戎物貨濫出國用乏耗万民困弊之極殆至受夷戎之管轄不日而可
知也矣〓(冀カ)擧旌(旌カ)旗奉鸞輿於函嶺誅幕府之姦吏或曰爲除浸潤遊隋之弊誅京
師之姦徒某々又曰不顧幕府下攘夷之令於五畿七道之諸藩如其衆議畢雖
出于忠誠憂國之至情事甚激烈使喩薩長之輩鎮壓其他召幕老吏久世大和
守往復歴日未告唯諾而先行昨臘所喩之大赦夫大樹猶弱何失之有但幕吏

曰循偸安撫馭失術如是則國家傾覆可立而待也
朕日憂懼焉所謂一日偸安忘百年患聖賢之遺訓可鑑矣當內修文德外備武衞然建攘夷之功於是斟酌衆議執守中道欲使德川興祖先之功業張天下之綱紀曰策三支其一曰欲令大樹率大小名上洛議治國家攘夷戎上慰
祖先之震怒下徒義臣之歸嚮啓万民和育之基比天下泰山之安
其二曰依豐大閣〔閤カ〕之故典使沿海之大藩五國稱五大老爲次口〔咨カ〕決國政防禦夷戎之處置則環海之武備堅固確然必有掃攘夷戎功
其三曰令一橋刑部卿援大樹越前前中將任大老職輔佐幕府內外之政當不受左衽之辱此万人之望恐不違
朕意決于此三事是故下使於關東蓋欲使幕府選事中之一以行也是以周詢群臣群臣無忌憚各啓決心丹宜奏讜言

水野正信曰右の　詔書ハ僞書なりとのミ思ひしょ伏原三位殿の作文よく

眞實のものなりといふ説あり案外の事なりけり

藩翰譜 堀氏傳夾註

文祿二年天下に政令を出られし時德川殿前田利家浮田秀家毛利輝元小早川隆景連署せらる時に五人の大名衆といひしよし北川次郎兵衛か記に出ッそれを五大老と稱せし事ハ大閤薨し給ひて後大坂の奉行どもか云出せる事にて德川殿をもかの家の家司なりといはんためなり然るをまさに其世にも其心を得ぬ人のみな五大老といひもし筆にもあらハも大になるなと なり德川殿此時までに大臣の位にのぼらせ給へりむかし昭宣公のはしめて關白に成給ひしより此方關白の家に大臣をもて從とせし例やある又大職冠もしめて内大臣になさせ給ひしより内府なる人の家臣たりし例あるをかるぞ世までに澆季に及ひ人みな不學なりといへ共かく名の正しからふさるまてあさましなれと云々

又讀史餘論にも同しく此事を論せられ逸史日本外史其他の書籍にも大納

言をもて老と稱し譏りを後代ニ殘すの論有ハ北山殿の末子を關白殿の座上ニ居られしと伯仲するならねとゝね聞及へりされハ大藩をもて五大老なとさるゝハ廷臣の位をおとにの業ニく則チ　朝廷をなミし奉るの甚しきものなれは方今此事　朝議ニ起るへき事夢々有ゐらふほと思ひ奉りし此故ニ僞書なりと云ひし是一ッ
豊太閤の故典と有ハ鄉太夫士庶人よりいふ體格なり元より豊臣秀吉とあるへきをの欲是二ッ
刑部卿慶喜或ハ德川を加へらるゝらニあるへきを俗文の御沙汰書のもふ納言以下の御時ニハ一橋田安淸水なとゝハ認められそいとんや漢文をや是三ッ
前越前守慶永と有へきニあれ亦前ニ同しく體截《裁カ》をうしなふ是四ッ
三ヶ條の事いらニしくも陽ニかくとハ
幕府へ　仰下されらふ《き脱カ》事ともなりとぬらくあやしミ疑ひし是五ッ

右之五条をもてたゞまちに僞書なる事明ふなしと確して思ひさだめしよ
後よ　御後見の事ハ御政事總裁職の事
仰出さるゝの度毎よ
叡慮よよりその御書よ　仰出されしを見て大ニ驚きかしこミ奉れり近キ
比ハ僞書と思へる物よ實の物ある事もくならふば實ニあやしむべし

越前守養父隱居
松　平　春　嶽（原朱）慶永

以來御用向可申談候間折々登
城相談可被致旨被
仰出候
右昨日大和守申渡

同　　　人

以來折々登
城之節各御用談且御用筋之書類披見被致候間ハ竹之間ﾆ可被罷出候尤
御廊下下之休息所ﾆ相越休息被致候義勝手次第可被致候付而も外ニ出
仕之者無之節も別格之譯を以是迄之振合ニ不抱部屋同様休息いたし候
積可被心得候事

右昨日大和守申渡

久世大和守廣門（周カ）

此度上京被
仰付急速之出立ニ付而も彼是物入多之段被爲
聞召候付別段
思召を以御内々金五千両拜借被
仰付旨被
仰出候

同　人

此度上京被
仰付候義ハ全別段之譯柄も有之殊ニ急速支度ニ付而ハ格別入費も相嵩
彼是可爲難澁候間尙又出格之
思召を以
御手許ゟ御內々金五千両被下置旨被
仰出候
右昨日於奥紀伊守相達

五月八日

田安大納言殿（慶頼）（原朱）

公方樣御年比ニ被爲
成候付御內願之通
御後見

御免被遊御政事向
御相談も可被遊候間折々登
城可被在之候先年已來日々登
城被致各別精勤
御滿足被
思召候別段之譯を以被敍正二位旨出格之
思召を以千両ツヽ一生之間被進候旨
右於
御前被　仰含之候
右之通被　仰出候間此段尾張殿前中納言殿ニ可申上候
五月九日
四月廿三日　井伊掃部頭

被任敍從四位上中將旨

横瀬山城守

被任敍從四位上少將旨

右可任　敕許旨

右內藤紀伊守申渡候

五月十四日著

去ル二日御城附歯痛ニ而引取後七時三分比御老中方

尾張殿詰合家老衆中ト申大キ成朱看板來赤坂早馬ニ而出　殿其餘も急

ニ被罷出候処赤坂迄御門前ニ而出合頭ニ久世侯板倉侯七半時比參上夜

ニ入被歸何事歟更ニ不洩三百人前御料理被下此一条ハ肥後侯之事歟ト申

説

一板倉侯當役成之節久世侯導此節柄ニ付增供斯々隱供斯々召連申候引達

候義ハ有之候而ハ如何ニ付御心得ニ申迄被申候由之処板倉侯被承千万

忝承知仕候其内增供之儀ハ格式ニも拘候ハ相連可申隱供之義ハ申付間敷候其子細ハ天下之老中ハ闔國之政務を握り道を正し候職分ニも無之哉然ハ言行万人之見る所故其職分盡さんと群集之中を壹人通り候とて誰らハ指もさし候半哉若奸曲を行ひ威力を以天下を凌んとせハ天地神人の憤る処仮令千軍万馬ニ圍繞せられ鐵壁石城ニ隱踞をとも安寧を可得とハ不存候間只道をお於正をへおれ隱供之儀も召連間敷と被申候由久世侯ハ徒士以上八拾三人隱供三四拾人板倉侯ハ只徒以上三十八人之由

一此比安藤侯家來顏の知を候者と相見下町ニ而侍五人行當喧嘩ゟ何の苦もなく安藤家來を切倒し鼻うた唄ひ過行候由

一坂下御門番抜身ニ而入込候者ハ尤入間敷心得ニも候得共猶更相伺候火急之節顏付幷紋所見定メ候隙無之候間抜身の者一般之心得承知致度と伺ひ相成候由

一去ル七日戸山前様一橋越隠御登
城相成申候
一長州藩中十五日を限鎗印を拵候者多し
一長州當侯廿日に京師に發途ありと云
一細川も又鎗印を誂候者不少ト云両家共白熊毛之
一品川東禪寺ニ建有之候夷籏を三方に引張有之候綱を連夜切懸候由候得
共タ〔マヽ〕ウヲヒシキチヤンニ而塗堅候物ニ付容易ニ切不申及物も潰し候
程之由然るニ如何しく哉去月廿八日綱を切倒し候よし
一御殿山之堀外枳殼〔マヽ〕垣を結候を一夜ニ誰らハ掘捨候由

當月三日

松平肥後守（原朱）容保

以來御用向可申談候間折々登
城可致旨被

東西評林

仰出候
右和泉守申渡
松平肥後守（原朱）保容
不容易時節ニ付年寄共万端無腹臓申談候様於
御前被
仰出候
○又同月四日
松平肥後守
以來折々登　城之節各御用徒（談カ）且御用筋書付類ホ披見被致候間モ西湖
間ニ可被罷在候尤御數寄屋ニ相越休息被致候義モ勝手次第ニ可被致
候
（原朱）右大和守相達申候
五月

九條樣　蟄居

中山樣　永蟄居

一酒井若狹守（原朱）忠義殿内々被致切腹候由

一中川修理大夫殿伏見ニ逼《マヽ》留京都ニ屋敷無之依而之京都町々明家明店ニ
薩刕長刕いつれも店賃倍増位ニ而借請候趣
加役同心川合儀市丹羽又八郎上京内聞之趣

一薩州ハ五百人程と申候得共三千人程相越居候由

一打拂之儀　赦許相成居候由

一伏見ニ而打捨候ハ元來國許ニ而不可致上京旨差留有之人別ニ候処押而
罷登候付打捨候旨合宿ニも騷動可爲迷惑とて金百両差遣候由

一旅籠賃日拂之由右納戸役と申者立居無差支拂方取計候旨

一長州ハ本國寺を借候旨右も三千坪程有之いくらでも這入候と申事之由

一和宮樣爲御迎ひ今十日公家衆發途東行と申談右供方之者ゟ承り海道筋

宿驛ニ而も噂有之由

島津和泉ト申ハ實ハ宰相殿之由

一一昨八日長州之士十一〔二カ〕人早馬ニ而先觸茂無之東行ニ付鳴海御代官ゟ已後之心得方伺有之右も長州公を呼ニ參り候と申事先觸茂無之候付問屋共彼是申候由候へ共禁裏御用と申甚差急キ候由

五月七日

刑部卿様今日平川口ゟ御登　城於御座間　御對顔御次間おゐて御饗應有之候由ニ御座候

京(原朱)

當地此節格別替り候義も無御座風説種々内聞仕候得共不取留義ニ而申

上兼候処漸々根本相分り申候付内々左之通申上候

一今度薩刕長州西國方之御大名衆發起之根元ハ爰元堂上中山大納言忠能殿五拾四歳御嫡男前右中將忠愛殿三拾壹歳右家諸大夫田中河内守と申者之反逆ニ而西國方ト通路仕候而反逆相企申候由ニ御座候島津和泉先月十六日

近衛樣江參上仕候節右

近衛樣ニ而全く公武共御一和ニ而聊も御異論之筋も無之旨被仰聞田中河内守之相觸候樣之儀一切無御座候由ニ而案外之次第和泉氣先も挫ヶ夫より右御趣意柄を以家中一統江種々方便を以申諭候處両段と相成半分承引仕半分ハ不承知ニ有之終去月廿三日伏見ニ而及大變候由ニ御座候尤承引仕候家中ハ追々歸帆仕候趣相聞申候

一和泉關東江罷下候付跡詰として島津石見と申者昨日比京著之由大原三位殿御藏米取り御一人和泉を御一所ニ御東行ニ成候由此大原殿ハ兼而

一御了簡御座候御方之由ニ而御事〔年カ〕も六拾貳才之由ニ御座候

一島津和泉長州御家老申合ニハ京師ハ和泉手ニ而打取西國勢引續關東に罷下り之御積之由右趣意ハ異國貿易御差止ニて午年已後御咎メ相成候宜〔堂上カ〕方諸侯方ぶ　御免之儀願出候唱之趣ニ御座候就中誠ニ危急之場合迄押詰候去月廿三日ニ御座候右廿三日弥京打取可申旨ニ而伏見勢支度仕舞兵粮拵候処に京都ゟ取鎮メ参り候由今一足遲刻候ハヽ大變ニ及ひ京師大坂共戰場之街と可相成候処邂逅ニ相脱候義未日月地ニ墜不申故と奉存候且右説ニ符合仕候義共種々御座候ても長刕勢兵庫邊迄ハ三萬人と申事承およひ候大坂筋先月中下旬比ハ浪人躰之者大分徘徊之趣ニ內通も御座候

一長刕侯御家も二タ分レニ相成半分ハ家老方半分ハ太守方ニ有之候由家老方之輩反逆之黨ニ有之候右故ら長州御嫡も此比上屋敷に御出相成候処余程之御用心と相見申候御供廻り之外隱し供百人餘も有之候由ニ御

座候

（原註）伏見よおゐて及傷之節被切殺候田中謙助といふ者此河内變名よて其節白無垢著用罷在候よし

一中山家諸太夫田中河内守ハ余程之智者と相見先達而被召捕候事有之候節薩劦四人ニ相成居申候由夫ゟ西國筋ニ反逆之儀喋し合と相見申候右等之義私ゟ申上相洩候而ハ甚支ニ相成候ヶ條ニ而御座候間唯京地風説と被仰下私ゟとハ必不被仰下候様奉願上候以上

五月七日

公方様弥御機嫌克御座間御上段御著座前中納言様右御出席御老中披露御左之方御著座御隠居後初而　御登　城御對顔忝思召旨御老中言上之

御手自御熨斗被進　上意有之御老中御取合申上之御退去

一竹之間おゐて御吸物御酒御菓子被進此節御老中出座御挨拶申上之退座

是迄御老中宅おゐて之外國人應接も前日御老中ニ外國人ゟ莫大之金子

を贈り賄賂いたし當日御應接ニ臨眼を怒らし髪を逆立誠にシャベリ付御老中をフヌケに致し毎度十分ニ應接致し右終り候ぞ直ニ顔色を和らた笑を含誠ニ媚て與《饗カ》應ニ逢ひ歸り申候事之由然処今度板倉殿宅おゐてミニストル与應接有之由右も例之通多分之贈り物いたし候由之処更ニ不被請付當日應接之段ニ至り候処是迄ハ御老中同席ニ而外國奉行上座ニミニストル著座應接有之其段前以て席圖等御渡相成候由之処今度ハ大キニ引違ひ右等之手順ゐ無之板倉侯之間ニも外國人を不被入一ト間隔テ外國奉行次座ニ扣させ應接有之候由ミニストル殊之外立腹是迄之例とハ引違ひ候由申立候由之処板倉侯是迄之儀ハ是迄之役人之了簡拙者今般當閣老職被

仰付候上ハ拙者之勘辨次第ト被申候由ミニストル案外之躰ニ而申候ハ外國奉行抔ハ私共家來同様之者ニ有之候処右等之下座ニ相立候ハ如何哉と申候由之処イヤ〳〵夫ハ以之外之了簡違ひ其方ともの國を麁略ニ

セぬ為メ重キ御役人を被付置候事ニ而元ゟ其方共与身分大キニ相違いなし候付尤末座よそ可然旨被申候よしミニストル誠ニ拳数〔マヽ〕〔奮激カ〕ひさ疊抔叩キ腹立申候よし尤此應接ハ比日公邊支配勘定下田ニ被遣候一件之由板倉侯段々大聲よそ云込ら𛀁候よし之処立腹應接之結句ハ軍艦を以責寄るき旨申候よし之処板倉侯忙〔茫カ〕然としておゐゐより戦争をもとめハ不致候へ共軍が玄なくハ何時成共相手ニ可成旨被申候よし然処其翌日より御府内之異人ミなく引拂ひ下田表ニ引退キ候よし

一越前老侯抔ハ外國之事ハナンデモナイ當時京攝おゐて一大事なりと外國奉行抔ニハ用事更ニなしとく對談も不被致候由

一大和守殿昨今御引込相成候よし右も如何可相運哉

一刑部卿様ハ誠ニ行届比日御登城相成御歸館之上御家中ニ被下物有之ャ若イニハ似合ぬ御取計程と奉

感心候

五月十七日

大納言様御家老　成瀬内記（原朱）正敦

水戸様同　白井伊豆守

紀州様同　鈴木三之右衛門

五月廿三日

右和泉守依差圖罷出候處於芙蓉之間御老中列座和泉守相渡候御書付之

寫

今日脇坂揖水事加判之列被　仰付大和守紀伊守揖水豊前守と申唯（マヽ）シ

可相心得旨被仰出候此節御用多ニ付今朝御使ハ不被遣候此段尾張殿

前中納言殿にも可被申上候

永井雅樂於京師申立書拔

近年黠夷猖獗仕候付

御國威日を逐て逡巡當今ニ至候而衰微甚敷皇國未曾有之御大難ハ縷述ニ不及候斯る時勢ニ立至候義由て起る所有之數百年之太平武道地ニ墜ち武備廢弛仕候より一旦黠夷之虛喝ニ驚キ輕易ニ條約を結ひ終ニ今日ニ至候事口惜次第ニ候得共是以太平之餘弊今更論辨仕候とも其益無之此餘ハ武備を廢せたるニ起し國難を未タ覆せさるに救ひ候儀當今之急務ニ候得共上

天朝幕府を初奉り下士庶人ニ至候まて精神を凝し與救之策を求候ハ同一般之事候得共人心ハ面の如く策略一途ニ出不申或ハ鎖國之論を旨とし或は航海之議を唱へ自然人心之不和を生し時月を空日ニ費し候中ニ

衰微月を追て加り只今之形勢ニ候得共終ニ黠夷の術中に陥り可申も難計ヶ様人心之不和を生し候根元を尋候得共

關東無御據御次第有之候由ニ而

叡慮御決定も無之内和親交易之御條約有之候由ニ付

逆鱗不一形　關東之御所置御取糺條約御破壞被遊度との御事ニ候得共關東ニおゐてハ一旦外國ニ對し御條約相濟候儀を無筋ニ御破壞相成候而も忽ち戰爭之門を開キ卽今莫大之御國難ニ立至り且數百年鼓腹之武士を以て干城ニ御當可被成候儀御心許無之思召候哉　御奉命も無之回循無斷今日ニ至り判然たる御所置無之斯る切迫之時節右樣無斷ニ時日を費し候而ハ弥增傾覆ニ迫り候事とも凡慮淺智之者ニ而も頓ニ識得仕候得共況ヤ群方富智之

關東ニおゐて御洞見無之筋ハ有之間敷縱令御疎偏有之候共言語塞り候と申ニ而も無之定而忠諫仕候者も可有之然ニ前段之通御決定御所置無

之ハ鎖國之御決定有之候得とも即今莫太《マヽ》之御國難を生し又航海之御決定
有之候得とも弥増
逆鱗甚敷　御國内如何樣之異變出來も難計御國内異變出來仕候而も所
謂鷸蚌之憂眼前之事与御遠慮有之態と無斷之時宜を御待相成候ニ可有
之訝り《しカ》く奉存候元來黠夷と同等之和親を結ひ候儀開國以來未曾有之事
ニ候得とも仮令無御據程之次第有之候共何とら御申宥置せられ第一
叡慮を御伺且後來之御所置をも預め御定置其余ニ而兎角も御沙汰可
有之御事ニ御座候処左ハ無之輕易ニ　御國體を御動し被成候儀素ゟ如
何之御事故
逆鱗《マヽ》被遊候も御尤千万ニ而假令御嚴紲被
仰出候而も聊御申譯無之程之御事柄ニ候へ共深遠之
叡慮既往御咎無之今日ニ至候而も亦
御國用異儀を生し候而とも御大事と

思召候而已ニ可有之實ニ寛大不測之
叡慮蒼生之幸甚不過之難有御儀と奉存候得ハ万死を不顧直言仕候乍恐
九重深宮之
玉座時論悉く　叡聞ニ不達且一時慷慨之説輦轂之下ニ輻湊仕候を以て
天下之公論万全之策と被聞召上候哉頻ニ破約攘夷を以　關東ニ被　仰
出候由然共當今ニ至り破約攘夷と申義時勢事理を深察仕候者ハ決而落
著不仕事ニ而只當時慷慨と呼〔唱カ〕へ但々血氣之輩而已愉快に可奉存候其子
細ハ只今破約と相成候得も黠夷共決而承伏ハ仕間敷戰爭と相成可申候
戰爭を忌候義ハ更ニ無之候得共戰ハ國之大事存亡之係る所ニ候得も深
謀遠慮無之輕易ニ可發事ニ無之候夫戰ハんと欲せるものハ先利害曲直
を明ニ察し直利我ニ在て而後ニ戰ひ候事所謂勝算ニ而古今明將之重せ
る所ニ候曲害我ニ在れとも憤怒ニ不堪或ハ一時之血氣ニ誘もれ無策之
戰を起し牧〔敗〕亡を取候者古來歴々數へ盡しかたく候然ニ當今　關東ニ於

そ御條約相濟候義を
京師ニ而ハ一圓御不納得之御事ニ候得とも關東ニ而容易ニ　御國體を御
動との趣を以そハたとへ御取紮有之候も　御國體而已之事ニ而外夷ニ
戰之御口實ニハ相成間敷其故ハ皇國三百年來御國內之御政道關東ニ御
委任と相見外國ニ對し候而も御駈引も悉皆關東ゟ被　仰出候得とも外夷
共　關東を
皇國之御政府と心得候ハ尤之事ニ而其政府ニ而条約調印相濟候得とも同
盟之國与心得候事是亦無餘義事ニ候然ニ當度ニ限り
天朝御不納得之筋を以卒然約を破り盟を背候ハヽ彼各國三百年來之例
を以不信之名を以
皇國ニ與へん事必然ニ候且　關東も武臣之棟梁ニ候処外夷ニ面目を失
ひ浩然之氣を餒し候而も自然之事ある時御用ニ相立間敷候是我ニ曲を
取彼ニ直を與る之拙策ニして智者之爲さる所ニ候且彼ハ航海ニ熟し利

器を以て數万里之海路も不日ニ駈行し數十年航海を業与仕候國柄ニ候得も船數ニ富ミ殊ニ近年

皇國之海路ニ熟し候事故戰爭と相成候得も要津ニ出沒し府城を剽掠仕候ハ必然ニ而左候時ハ海國ハ不申及海路不通之國迚も隣國騷動ニ及候ハヽ自國警衛之外他事無之候半仮ニ九州を以譬へハ僅ニ四五艘之軍艦を以朝ニ東し夕ニ西し或ゐ海濱ニ大砲を發し或ハ海邊之民屋を放火し淺〻く働て輕く引候ハヽ陸地之將士奔命ニ勞れ我ょ追討ゐき軍艦ニ乏しく切歯握腕而已ニ而手を束て彼ニ致さるゝの外定策無之恐ふくハ九州數百万之士民纔ニ四五艘之夷艦ニ羈縻せられ心も弥武ニ候共自國之騷動差置らさく只壹人も赤間關を渉て東もる事決て相成間敷秦鏡を照して見るよりも明ニ候六十餘州の中ニおゐて海路不通之國とてハ纔四の一ニ足り不申然るニ四の三の余夷艦之害を請候ハヽ僅殘之國々唇を亡ひて歯寒きいましめを守り隣國を救ひ候位ハ兎も角も兵を遠國ニ遣し

候儀も決しく相成間敷京師ハ元ゟ日本の頭目ニ候得も四支の國々擧て
保護仕候ハ理の當然ニ候得共四支病を請候得も頭目之用を爲す事能も
に是又自然之勢ニ候是黠夷之胸算ニ而彼恆言ニ日本ハ二三千之兵を以
可陥与妄言之因て起る所ニ候斯る時勢ニ相成候而も
京師之擁護實ニ心元なく万一黠夷之蹄ニ穢され〔候脫カ〕儀も有之候而ハ六拾餘
州不戰して彼ら爲ニ耻辱せられん思も忌々敷事に候猶又數百年太平皷
腹之武士を以て倉卒無策之爭端を開候ハヽ其利害三才之童も相辨候然
ハ出害共我ニ在て直利ハ彼ニ在り是時勢事理を深察仕候ハヽ輕々敷戰
爭を好不申所ニ候扨又鎖國と申儀も三百年來之御掟ニ而島原一乱後別
而嚴重被　仰付候御事ニ而其以前ハ夷人共内地に滯留差許され且
天朝御隆盛の時ハ京師へ鴻臚館を建置せられ候事も有之由候ハ全く
皇國之御舊法と申にても無之伊勢
神宮之御聖宣ニ天日の照臨する所ハ

皇化を布き及し給ふべしとの御事の由ニ候得ども夜國氷海ハ兎も角も天
日照臨し給へる所ハ悉く知し召べき御事にて鎖國なと申儀ハ決して
神慮ニ不相叶人の子孫たる者上下となく其祖先之志を繼事を述るを以
て孝と仕候義ニ而既ニ
神后三韓を征し給ひ候も全く
神祖之思召を繼せ給へる御事ニ而莫太之御大孝と今以稱し奉り候中古
ゟいまだ海外之事明白ならず候得ども三韓之外若干の國ある事を聞召給
ハず若　聞召給ハヽ御征伐三韓ニ而御止りハ有之間敷奉恐《マヽ》像候然るに
當今五大洲若干の國ある事を聞召のみならず彼より憚からず
皇國へ來り剩
皇國を蔑にし奉るを鎖國にて御禦き遊されん事
神祖之御誓宣ニ御戻り候に相當り
神慮之程も難計誠ニ奉恐入候假令鎖國之儀を主張仕候とも守るハ攻る

勢有之候而こそ能く守候譯ニ而候得は鎖國仕候共攻る之勢欠かなく候
徒ニ海岸嶮岨をたのミ鎖國仕候而は鎖國万々無覺束候然ハ當時ニおい
て攻取の勢を張候儀第一急務と奉存候得は仰願はくハ
神祖之思召を繼せ給ひ鎖國の
叡慮思召替られ　皇威海外ニ振ひ五大洲之貢悉ク
皇國ニ捧奉らばれ赦されとの御國是一旦立させ給ハヽ禍を轉して福と
なし忽ち黠夷之雪唱《虚喝カ》を押へ
皇威海外ニ振ひ候期も不遠与奉存候然共大平の餘り即今
神后攻取の御跡を踏候はん事是亦下策ニ出可申候得は急速ニ航海御開
き彼ら巣穴を探り黠夷の恐るゝよ足らさる事を士民ニ知らしめ漸次ニ
皇國の御武威を以五大洲を横行仕候ハヽ彼自ら
皇國の恐るへきをしり求めして貢を
皇國よ捧奉らん事年を期して可待候又破約攘夷と申儀ハ只今よ至り

關東に被　仰出候ハヽ乍恐態与
御威光を御損し被遊候ニ當り尤不可然奉存候其子細ハ　關東ニ而只今
約を破り候而ハ御國之御爲不宜と御決定相成居候様相見候得も幾度
綸命有之候而も表ハ御奉命有之候而も實事之御奉行有之間敷御奉行無
之儀を度々被　仰出候得も其度々
御威光相減し歎敷奉存候然も時勢を以私考仕候得も輕卒御奉行無之儀
傍ふ御不策共難申候半欤然ハ
公武共御國之御爲を
思召候儀ハ御一般ニ而右様御違却相成候と定而
京都ニハ關東を柔弱恐怖与　思召關東ニハ京都を御暴論と厭セふれ候
ニ可有之遂ニ隱微之中猜疑不和を生し千緒万端回循苟且の根深与相成
一の目途無之口惜次第に奉存候間深願もくハ偏ニ
皇國之御爲と被　思召京都關東とも是迄之疑滯御氷解被遊改而急速航

海御開き
御武威海外ニ振ひ征夷之御職相立候様ニと嚴敕　關東に被　仰出候へ
ゝ關東ニおいて決而御猶豫有之間敷即時
敕命之趣を以列藩に
台命を被下御奉行之御手段可有之左候時ハ國是遠略
天朝ゟ出て
幕府奉して行之君臣之位次正しく忽ち海內一和可仕候海內一和仕候而
軍艦ニ審士氣振越候ハヽ一箇之
皇國を以五大洲を壓倒仕候事掌を指よりも易く可有之候斯る時勢ニ一
變仕候ハヽ則
神祖之御誓宣に叶ひ万世不朽莫太之御大業与奉存候然るを只今の如く
隱微の中
公武御不和判然なる御所置無之候而も
御國內之衰微日を逐て甚しく蒼生生活之途を失ひ終ニ黠夷之術中ゟ陷

り嚙臍悲歎之期ニ至り候半事十年の外ニ出申間敷と口惜奉存候斯る時勢ニ候得て主人忝も
皇朝連綿之門地ニ生れ幸ニ両國之主ニ任し天恩幕寵一身ニ溢れ候得て出位ニて候得共傍観を快与不仕日夜寐食を忘れ
御國威御更張之機會を熟考仕候処癸丑甲寅之際ニ候ハヽ鎖國も上策ニ出可申候得共當今ニ至候而も却而下策ニ落候半欤時を察せば勢を制し不申候而も挽回之期無之已ニ去年辛酉革命之歳ニ當り天數も相應し候得ハ禍を轉して福となし申も偏ニ
朝廷之御決機ニ可有之矢石白刄を侵冒し風雨霜雪沐梳仕候ハ大小となくく武臣之甘心仕候処ニ候得共尋常之儀格別之御奉公と不奉存候不肖ニ候と雖モ臨事而懼レ好謀而成し候時勢挽回仕
皇威海外ニ耀き四夷服順之日ニ至始而御奉公と可奉存候前顯之旨趣關東ヘ申立度心得ニ候処

朝議ニ悖り候而も甚本意を失ひ候間内密小臣上京申付御内々相伺關東に下り候樣申付候然處右旨趣書取を以申上候樣ニ与御沙汰を蒙り誠ニ以奉恐入候此段一應主人に爲申聞候ハヽ兼而謹厚之質ヶ樣疎暴申上ハ爲仕間敷候得共其暇を得ば小臣素より邊鄙草野之産殊ニ文字ニ拙く候得も俚言鄙言を取交尊覽を汚し威嚴を冒も而已ならば且禁忌を憚ふも時勢を愼まも申上候儀其罪万死ニ當り可申候得共死を怖ぢ辭を飾り候ハ本意ニ無之元より主人におい〻如斯不敬之意も更ニ無之唯小臣狂逆之所致也恐々懼々伏地待死

大内の簾よと海をゑくつゆむし
せゑ尓とふれぞ追よ追いれぞ
八丸の糊らよいふくゐおが出
紫《むらさき》の庭《には》へ泉《しうみづ》ながをたみ
大さうなたせのみたんく都のふ

大原下りくゞる其も妙
九條殿若狹小鯛にあてふ堂そ
原がくゞ川くあとはさ川もり

魚づくし

尾　川魚
大海の魚には交りかさし

紀　ゴマメ
魚の數のみ取にさふば

水　人魚
味が分ふば

加賀　鯛
甘くもなしはつくもなし

薩摩　鯨
うおき出しては大騒キ

仙臺　ヲキナ
大魚の名のみ實意玄ふば

因州　初鰹
みな人ら好

播州　鮫
らはばしの外仕方なし

越前	〽海老	酒を呑計
前越前	鯱	鯨も是を恐る
阿州	アナゴ	ざる〳〵しても鰻程味がなし
會津	鰻	ざる〳〵しても味が有
土州	らつはぬし	なくてはならぬ
有馬	黒鯛	人の糞を喰ふひ人にいやしめらる
肥後	ハエノ子	成長の後恐るべし
筑前	メクシラ	鯨に續て大魚
安藝	馬鹿ムキミ	魚の數には入らず
佐賀	鰐	呑も剣くるもする上へはあるへき勢ひ
長州	平目	さしみにしても鯛に續く
藤堂	コチ	春に針あり
上杉	鱈	北海の美味然共人しらず
宇和島	シャチノ子	大海へ出くうろほく

田安　池の魚　大魚ならねども恐るべし
一ッ橋　鯉　呑ましやうもなきぞ
雲州　赤エイ　味宜しかればならも尻に劔有
久世和州　海老　むまみハあれども骨がなひ
安藤對州　南風に逢し魚　腸がくさつて居る
内藤紀州　井の内の魚　出るにも出らねば
公儀御役人　クラゲ　目もなし骨もなし
外國懸り　泥に酔たる魚　うろつく計
紀ノ水野隠居　鰒　毒有不食候
水藩　鮟鱇　口大きく氣も太し味よし
國主の臣　俎板の魚　かくごきはめて居る
前高松　イケスノ魚　余所へ出らねぞ
彦根　ヒヱ蒔のメタカ　むく〳〵して居る
玉　金魚　ワク〳〵してもねる計

諸侯評判記

九刕　乱萌有テ乱ノ形ナシマサニ乱トス殺氣盛ナリ

四國　九刕ニ類ス

北國　慷慨ノ氣脚含ム

有馬 久留米　質朴ニシテ武事盛ナリ

細川 肥後　當君英雄藩士ニ文士アレ𪜈侮ノ氣有テ事ナラズ慷慨ノ士有テ起ル

小笠原 小倉　武文𪜈ニ世話テキル内文弱シ

姫路　武文𪜈ニナシ文國ト云口傳

彦根　藩士文武𪜈ニナシ茶湯猿樂ヲ樂ム又利ニフケル

因刕　君臣𪜈ニヨロシ

廣嶋　當君藩士𪜈ニ文モセス武モセズ只茶ヲ好ム

長刕　家ニ 本ノマヽ 統ニナル和洋砲ノ爭ナリ

土刕《高知》　武支盛但貪欲ノ臣多シ
松山《松平隱岐守》　君臣質朴
水戸　文有テ武ナキモノナシ五千八又ヲナジ
會津《保科》　武文盛ナリ
米澤《上杉》　君公上手者家士慷慨
松代《眞田》　武盛ノヨシ
加賀　可モナシ不可モナシ
尾張　當君奢者家中怠惰遊興ニフケル
津　君ヲタヌキト云藩士利ヲ事トス
中國　無事
東國　交易ヲ喜フ諸侯多シ
鍋島（評ナシマヽ）
肥前《立花》　只一家ノ利ヲツトム

柳川　君臣ヨシ困窮ニシテ政ノサタ——本ノマヽ

薩摩　上下一統ヨシ但無事ヲ計ルノ評マヽトスル君ナリ乱ヲカモス

黒田　奸臣三四人アレ𪜈上下大ニヨロシ

紀刕　藩士威ヲ振フト用金ヲ取叓ヲ務トス

津輕　君公ヨロシ

池田　因州ノマ子ヲスルハカリ政叓ヨロシカラス

雲刕　怠惰廣嶋ト評ハカル

阿州　君臣和難シ君公少シ奢ヲハマシム藩士𪜈ニ慷慨

宇和島《伊達》　君公大ニヨロシ君臣𪜈ニ合躰

高松　藩士惰弱

仙臺　英主家中怠弱ニシテヨクツトムルモノナシ

佐竹　能士ナシ慷慨ノ氣アリ

武内　一藩水戸信仰

土浦 土屋 同 マヽ、次ノ福井ノ肩書カ

越前家 川越　君臣ノ間大ニヨシ政事ヨシ

福井　文武共ニ全備

五月廿八日

大和守事病氣ニ付御役　御免願差出達

御聽候處無據儀ニハ被　思召候得共先其儘心永ニ養生致し候樣ニ与被

仰出候

御先手　三浦備後守

水野次郎左衞門

御側衆　大久保志摩守

名代　小笠原加賀守

御役　御免菊之間縁頬詰被

仰付候

江戸繪之言葉

うれしひねへ

イヽかなんニよきりくお茶な

きんなよおなぶりぞなんよ

もやくしそお皇坐よ

あれまた行よ

大きふざしたねへ

おつよひねへ

よくなりそきたねへ

さしてみたゐねへ

そんなニいや氣でなんよ

御所の思召

九條殿

所司代

外國交易

御飛脚

御敕使の御供

薩摩

國主の勢ひ

會津

薩摩屋鋪

あんざり氣味り悪ひ祢へ　當時の役人

跡そ能あるりふ玄川としそお出よ　水戸浪人

とふしさらよりろふ祢へ　親玉

おふあ川それさまふゑ　諸方御家中

おれさしづりまセよ　世間乃人

あんざりお包ひよふざ祢へ　しぬ津の勢ひ

いさいよ　町奉行の切腹

前ニ在り重複

大内の簾まとまりしそ川お虫追ニ追出ほとはニとふれは

松平越前守養父隠居

松　平　春　嶽

五月七日

右登　城御座間おゐて　御目見被　仰付候

久世大和守

上京御用被　仰付旨

右於　御前被　仰含之候

かな手本忠臣蔵淨璃理文句見立評判記

日本一の阿房鏡

獅子身中の虫とハ己が事

非義非道の金取て

段々誤入ました

御無用

おきらりつた由良之介

人の心の奥深き

御殿山御普請

久世大

安藤つし

内藤き

松平豊前

此節の上意

肥後訪

小身者の悲しさハ
足利の討手を引受
割三方乃縁もなきも
鷹ハ死ても穂ハつまぬ
飛道具一口商ひ
勘平の腕乃細ねぶか料理按梅喰てもみろ
殿ハやミ〳〵御切腹
尋て爰ニ來る人ハ
未前を察する大星か
ケ程辨へなき汝ニもなかりしか
かくあふんとハ兼而の覺語《マヽ》
唐ト日本ニたつた一人
外ニ思案も有へきニ

小梅の捕人
諸家の浪人
外國附添役人
此節閣老方申合
御家人の調練
板倉のおふせ川
堀織
しまつ三郎
日比谷の隱居
酒井若
常盤橋の隱居
毛利長
御緣組

淺き工ミの鹽冶との
入來る上使ハ
正義公れ御召急て是へ
夫よりろふ薬師寺も御逢致さふ
爰を仕切て爰《コツ》せめて
石碑成就する迄ハ蚤ニも喰セぬ此りふゞ
風雅(で脱カ)もなくしやれぞもなく
親父とのハ寂ふ戻ぷしやりさふナ
やしがる所ニ山々有

國益役所
大原殿
脇坂
諸家の浪人中合
國主の了簡
會津
田安
川路
池播

(以下二行原朱)高繩東禪寺おゐて御固メの者旅館の異人ニ人を切害ニ及候付左之通五月廿九日御吟味有之候支

封廻状之寫

松平丹波守家來
唐津宗藏 四十二
河田次郎左衞門 十九
富田勘藏 五十
同徒士
高橋喜左衞門 廿七
新家米之介 三十七
同中間
政吉 三十九
篗助 五十九

右一ト通尋之上召連人ニ預ケ遣ス

右去ル朔日石谷因幡守宅おゐて御目付神保伯耆守立合因幡守申渡
六月

○　大功記十段目淨瑠理文句附

水上ヶ兼し風情にて
思案投首
思ひ置事更になし
互の身の仕合

とはふ言內早時刻が延る
サア／＼早ふ目出度ひ
風が持く來る責太皷
氣を取直しつゝ立上り
あさりまもせき出立しハ
御恩ハ海山替がなし
高名手柄を見るよふナ

若州
九条
永井玄蕃
近衛
鷹司
國司之評定
夷國打拂
横濱燒拂
永井家來
神君御遺言
㊉加勢
㊉和泉

心ハ矢竹藪垣の　長劦家來
あふされ出さる　越前會津
只一ト討と氣・《も脱カ》張弓　外様
聞ゆる物音　板倉水野
左様なふ御遠慮なし　脇坂再勤
逆賊非道の名を汚し　關宿
さとへらさなき人非人　安藤
印ハ目前是を見よ　諸色高直
操の鏡曇りなき　神國武威
初メく明も老母の良義《マヽ》　㊌　老公
イツカナゆるらぬ大盤石　毛利越前
末世の記録ニ殘しくさべ　强惡井伊首
此所ニ御座有まれ《てそカ》あやうし〳〵　加賀

以上

（以下二行原朱）

五月廿八日 雨天 熱田泊

大原三位殿　島津三郎 和泉改名 行列 熱田ゟ島津ハ八半比著大原ハ七ツ半比著

馬　沓籠　鐵炮廿五挺　両掛壹　籏棹　長持 刀箪笥躰

釣具足　長持五棹 刀箪笥躰　先狹《挾カ》箱貳　大鳥毛鎗壹本　弓壹張

玉薬箱　伊達道具貳本　長持壹 刀箪笥躰　徒六人 内貳人刀筒持　打物

長持四釣 金紋刀箪笥躰　駕 側役九人 側役九人　侍廿八九人程　□壹人 持鎗壹本 長柄傘

鐵炮三挺　茶辨當　水箪笥躰分持壹荷　馬壹疋　赤革入小長持貳棹

沓籠　両掛壹　乗替駕壹挺　供鎗貳拾八本程

弓壹張　具足八荷　両掛十八荷　合羽籠拾八荷　具足　長棒駕　侍侍

鐵炮　鎗傘両掛貳　合羽籠貳　切棒駕籠四挺　谷川次郎兵衛　釣具足　徒徒　刀筒持長棒駕　持鎗添鎗

鐵炮壹　両掛貳　合羽籠貳荷　竹馬貳荷　切棒五挺

障泥駕壹　具足五　鎗五本　両掛五荷　合羽籠五荷

小松帯刀

伊達道具壹本　弓張壹　鉤具足　徒

徒　刀筒持　同

徒　同　同

側役　同

側役　同

長棒駕壹挺　鐵炮　長柄傘

鎗　鎗

両掛四　合羽籠四

竹馬四荷　切棒貳挺　障泥壹　長持壹棹　両掛貳荷

合羽籠貳

(原朱)
是ヨリ大原殿行列

長持貳棹　先箱貳　傘

徒　徒　徒

打物

側役　同　同

駕

側役　同　同

茶辨當

両掛壹荷　長棒駕三挺

大原殿附

北郷作左衛門

弓

鐵炮五挺

玉薬箱壹荷　小長持壹棹　刀箪笥躰 長持壹棹　鉤具足

徒　徒　徒

刀筒持　刀筒持

側役 同 同

駕　鎗貳本　長柄 傘　茶辨當　馬壹疋

側役 同 同

沓籠壹荷　両掛貳荷　竹馬貳荷

以上

大原殿　六拾歳計　三郎　四拾五歳計　手人數計

人足才之外七百五人程

本馬六拾駄程

長持八拾棹程

一説（原朱）

○五月廿五日島津三郎殿改名和泉殿宮泊ニ而通行

鐵炮　廿六挺

玉藥箱　三荷

籏竿　壹

釣物　四荷

釣物書物　壹

中道具　壹

臺弓　壹

持鑓　壹

對鑓　貳本

對箱　貳

刀箱　壹荷

長柄　壹筋

駕籠　　　　　貳拾六
供鑓　　　　　七挺
供駕籠
惣人數六百八拾九人
内三拾九人大原殿附人
通日雇六百三十人
内三十八人足
繼人足四百三拾九人
馬　六拾疋
惣下宿百廿四軒
惣荷物不知
右之趣宮宿ゟ申達

關札　〆三ヶ所
濱一本
源太夫社前一本
姥堂前一本

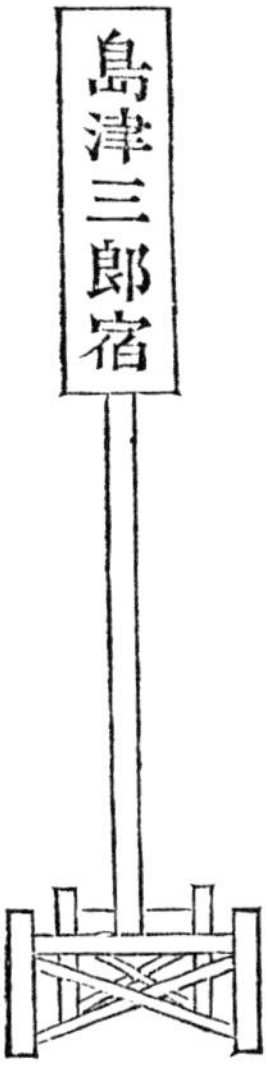

馬
馬
馬
鐵炮　鐵炮
同　同
同　同
同　同
同　同
同　同
同　同
同　同

紋附幕都而紫ちりめん

同　　同
同　　同
同　　同
同　　同
同　　同
　　同
玉簾　　玉簾
　　旗棹
鎧

銀ら貼もの

釣具足
同

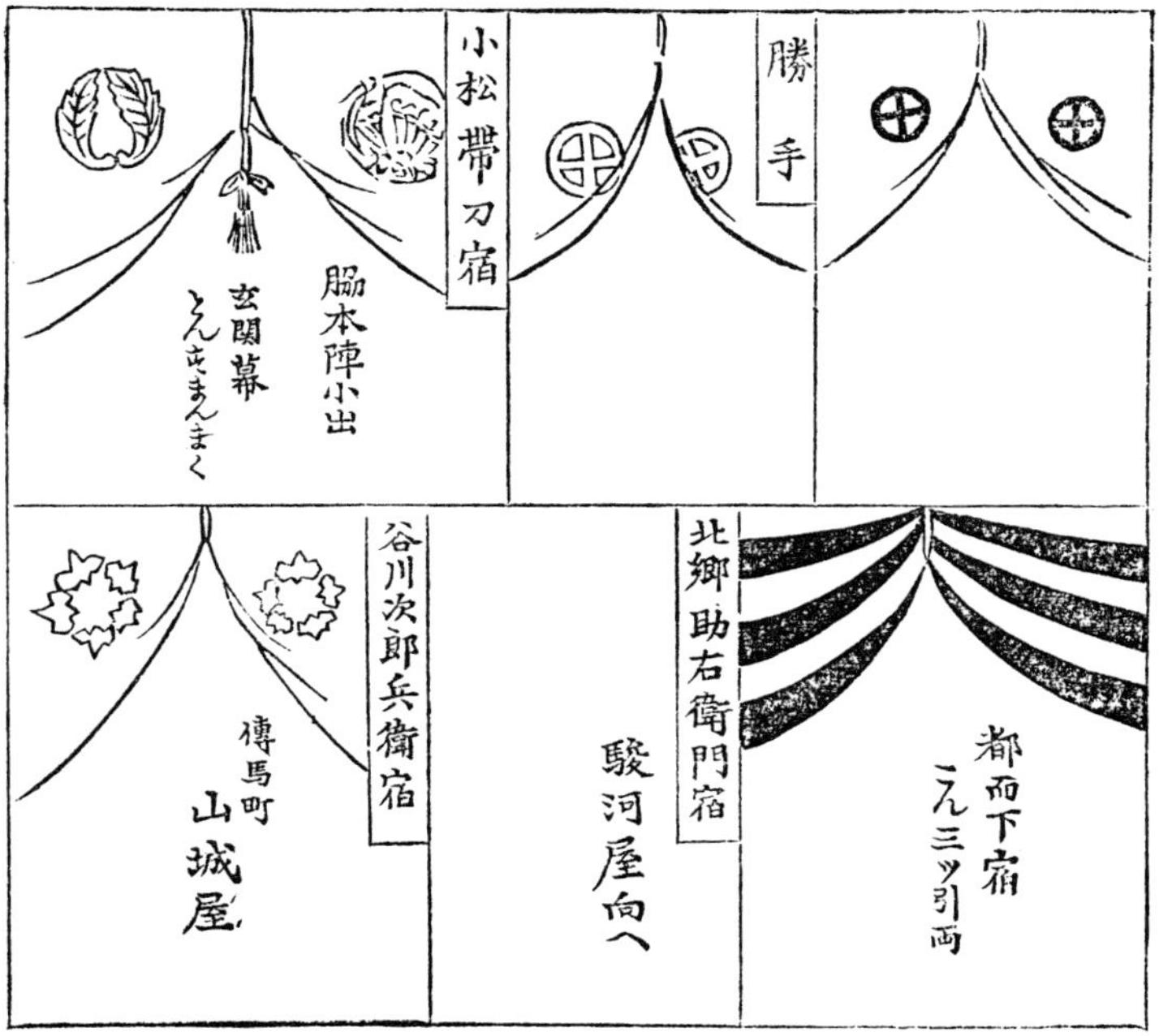
勝手
小松帯刀宿
脇本陣小出
玄関幕
とんとまんまく
北郷助右衛門宿
駿河屋向へ
都而下宿
こん三ッ引両
谷川次郎兵衛宿
傳馬町
山城屋

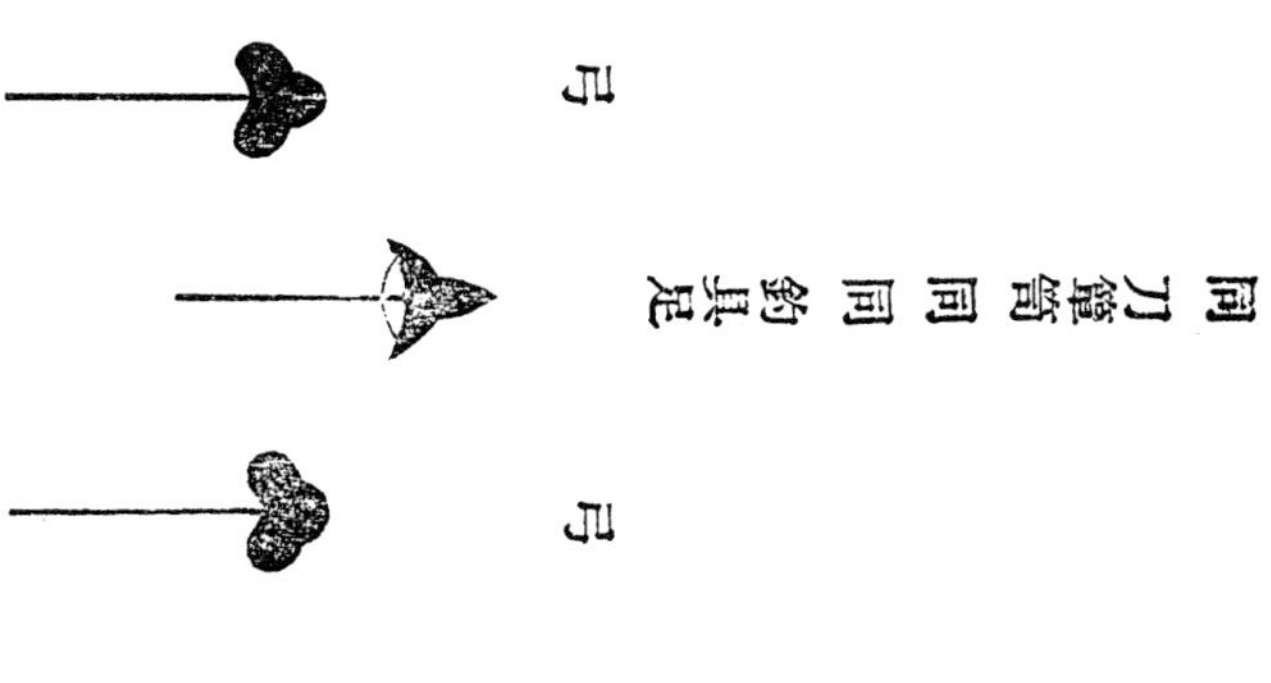
弓
同
刀箪笥
同
釣具足
弓

小松帯刀供立

具足　具足

鉄炮　鉄炮

鉄炮

箱　箱

長刀

弓　同　同　同　近習　同　同　持鑓

徒士　駕籠

弓　同　同　同　近習　同　同　添鑓

長柄　馬

供鑓　供鑓

同勢

挾箱　徒士　同　同　同　同　同　刀筒

簑箱　徒士　徒士　同　長刀

挾箱　徒士　同　同　同　同　同　刀筒

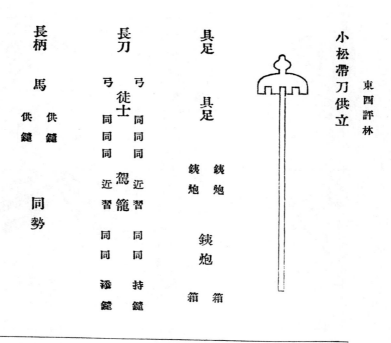

勅使　赤本陣

大原左衛門督
三位重徳卿

近習　同　同

島津氏

近習　同　同

一百八程

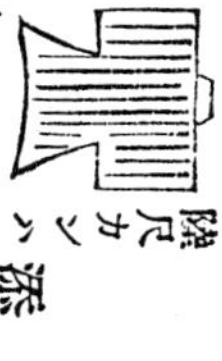

陸尺カンハン

一コンヨ、引

添鑓　笠袋

持鑓　袋傘

手廻り　茶辨當　坊主

侍　侍　侍
同　同　同
同　同　同
鉄炮　　鉄炮
同　同　同
同　　同
牽馬
同
乗替
駕籠
一　四　佽
本　十　鑓
同
勢

五月廿二日御黒書院おゐて　高家鷹之間詰御奏者番布衣以上之御役人一役一人ツヽ御目見被仰付

出御

上意之趣

近來《イ年》政事向姑息ニ流れ諸事虚飾を取繕ひ候ゟ士風日々輕薄を増し當家之家風を取失ひ以之外之儀殊ニ外國交際之上ハ別而兵備充實ニ無之候而も不相成候付而ハ時宜ニ應し變革取行ヒ簡易之制度質素之士風ニ致復古武威輝候樣致度存候間一同厚相心得勵忠勤候樣

御用番和泉守殿御取合諸御役人江申渡

只今

上意之趣誠奉恐入難有御儀候何れも厚相心得

思召之行屆候樣一途ニ心懸抛身命可被抽忠勤候追々被

仰出候品も可有之候間心得違無之樣可被存候

五月廿三日

淡路守養父
脇坂揖水（原朱）安宅

加判之列被
仰付付而も御勝手懸り外國懸り被
仰付勤候内御手當として年々三萬俵ッヽ被下之
中務太輔と改名可致旨
右奥おゐて和泉守相達候

五月廿六日

久世大和守（原朱）廣門 周カ
名代 久世謙吉

（原註）五月十六日ゟ不快引籠

病氣手間取候樣子ニ付同列共迄申聞候内存之趣被及
御聽候付御勝手懸り外國懸り其外諸懸り幷上京之儀
御免被遊候旨

內藤紀伊守忠信

（原註）五月廿日ゟ
不快引籠

加判之列被遊
御免溜詰格被
仰付候
右於
御前被含之久々相勤候付
御刀加賀國家次代金貳拾枚
右和泉守相達候
五月廿七日
佛蘭西ミニストル登　城
御目見被　仰付
同日御城附に相渡候書付
御政事向御改革之儀今度被
仰出候付而も大凡寛永以前之振合基キ格別御簡易相成候様可被致候難

決儀ハ見込之趣早々取調可被申聞候尤組支配ホ有之面々も末々迄不洩
様可被相達候
五月廿九日
水野出羽守（原朱）忠寛

御側御用人
御免前々之通帝鑑之間席被
仰付時服七是迄出精相勤候付被下之
右奥れゐく和泉守相達候
五月廿九日曉七時比高輪東禪寺ゟ乱入之者十人抜身騒動いゐし異人貳人
即死怪我人七人有之由浪人裏手ニ五拾人程居合候処いつれも無難よく裏
ゟ逃去行衞不知趣品川宿よく承り候趣才領申達
御殿山異人屋敷御普請場所ゟ薩刕家中とも瓢簞抔下ケ大勢酒呑ニ來り邪

魔する事日々之　公邊右御普請懸り御役人向ぶハ一盃御呑候へ異人の畜生共這入家とゐふん聞しが　公儀なる之御普請などゝいひぬふし町人共をおどならにもたらしなどゝ無性に自分普請の樣ニ申なしたるよしまて其趣申達相成候処筭《爭カ》きハぬ樣取計可申とやふんにて程能あしられ候へ共益勢ひ強く御役人向ぶも實ニ困入致方なくとの噂成し故ら普請も先止し由

六月朔日

敕使大原左衛門佐著《督カ》之節

上使老中傳奏屋敷ニ相越

上意之趣相達之此節高家差添以下略之

昨朔日御黑書院おゐて

上意振

近來不容易時勢ニ付今度政事向格外ニ令變革候間何も爲國家厚相心得

心附候儀モ可申聞候猶年寄共可申談候
御老中方相達候振
今日
上意之趣以誠厚
思召國家之御慶事無此上難有御事ニ候昇平殆三百年其流弊綱紀も相弛
武備御行届相成兼候折柄近來外國之時勢頻ニ御差湊ひニ相成右御取扱
振自然天下之物情ニ差響終ニ奉惱
叡慮候ニ至り深ク恐入
思召候素より
公武之御間柄聊も御隔意被爲在候御事ニハ無之候得共何与なく御情實
御通徹ニ相成兼候故より之儀ニ付速ニ
御上洛万端
御直ニ被

仰上度与之
思召ニ而則御内々被
仰出相成候併
御上洛之儀も寛永以來御廢典ニ相成候御式ニ候得も萬端之取調急速ニ
御行届ニ難相成ニ付暫く之処年寄共より御猶豫相願候処此度之儀も御
舊例ニ不被爲拘格外御省略御行粧オ万端御易簡被遊候
思召ニ付急々取調次第も被
仰出甚御急キ
思召
御直ニ被
仰上
御合體御熟筭之上從來弊風御一洗御武意《威カ》被遊御振張
皇國を世界第一等之强國ニ被遊候

御偉業を被爲立候上被（夫カ）
天朝之
宸襟を奉安下ハ万民を安堵爲致度与之
思召ニ候𪜈何れ而厚く奉得其意御政事向御變革之筋等各見込之儀而可
有之候得𪜈聊而不憚忌諱國家之御爲第一ニ相心得心底を盡し可被申候
猶追々被
仰出候義而可有之候間飽迄も其意を體し可被抽忠誠候也
　六月

○戊六月朔日
　松平丹波守達書
今曉八ッ時比英吉利人宿寺高輪東禪寺江狼藉者乱入仕異人を切害深
手爲負立退行衞相知不申候由然処家來徒士勤伊藤軍兵衞と申者昨夜

五ツ時過何をに欲罷出候処今曉東禪寺異變ニ付勤番才宿之者共増固罷出候跡に立戻自殺仕候旨為相改候処腹ニ淺庇壹ヶ所咽ニ突疵壹ヶ所左首ニ鐵炮疵壹ヶ所有之相果罷在候趣申届候右軍兵衛死後之儀子細不相分候得共、、、、之儀鐵炮疵有之且當人に相渡置候鎗不相見其上差料之刀及たばを血付有之上ハ右狼藉者同人仕業ニ而可有之哉甚心配仕候此段御届申上候右ニ而如何相心得可申哉奉伺候

六月朔日　松平丹波守

或云此由來ハ前顯軍兵衛義或時見廻りとやふんよ罷出候節外國人見咎候処合言葉を礑と忘却答出來不申候付外國人怪敷存取押縄懸候よし丹波守役人ゟ懸合引取候由之処夫を意恨ニ存候而之仕業のよし

但歸り候得共氣力衰自殺出來兼候故傍輩自殺之振ニ手傳遣し候

○戌六月五日

溝口讃岐守より水野和泉守殿
被相渡候由ニ而
年々宇治江御茶壺被遣候節通行筋領分知行有之面々ゟ是迄御茶壺登り下り共無滯通行相濟候段屆ヶ被申聞候へ共以來屆書指出候ニ不及候且又通行宿々おゐて取扱方之儀ハ無益之手數も相省候樣可被致候
右之通通行筋領分知行有之面々江寄々可被達候
六月

○六月六日

追々御軍艦御打立相成以來航海往復も度々有之候付而ハ海路之險易熟知いたし候義必要之儀ニ付以來航海之節難破覆沒之愚（患カ）無之ため此度御軍艦組之者被差遣伊勢志摩尾張三ヶ國海路測量致し候筈ニ付見通し之場所ハ目印杭を打海岸地上陸歩行ホも致し模樣次第城下并寺社境内江ハ罷越杭打ホ可致義も可有之候間其節差支無之樣可取計候

事
六月
○六月七日
洋書調所稽古之儀万石以上以下陪臣も両文典句讀相濟候者稽古差許
候段去ル午年中相觸置候処向後も文典句讀不相濟候共各別執心之者
も稽古差許筈候委細之儀も田村肥後守杉浦正一郎ゟ可被承合候
右之趣向々ゟ可被相觸候
六月
五月廿九日
鷹司入道准后
（原朱）通政
右還俗被
仰出候因老年可任所意旨
右之通被　仰出候処御老年之事ニ付御還俗御斷被　仰上候

近衛入道前左大臣（原朱）忠熙
鷹司入道前右大臣（原朱）輔熙

右還俗被
仰出候
右之通被　仰出候付以後入道相除前左大臣殿前右大臣殿と被稱候筈
付而も御當主之御取扱ニ相成御座順之儀者以前之通ニ候旨

近衛
忠熙公

六月五日
為　關白內覽氏長者
賜　隨身兵仗
聽　牛車
賜　一座宣旨
上卿　廣幡大納言殿
辨　万里小路權右中辨殿

（原註）六月廿三日近衛様關白宣下

奉行職事葉室頭右大辨殿

九條

尚忠公

辭

關白内覽氏長者

隨身兵仗等

御供之御家老

成瀬内記（原朱）正敦

六月二日

右於芙蓉之間老中列座豊前守相渡書付

近年之内

御上洛可被遊旨

思召候御治定之儀も追而可被

仰出候此段

前中納言殿へ可被申上

同四日

水野和泉守

板倉周防守靜勝

侍從被成候

一此表ゟ京地一条より脇坂外國御用取扱御勝手懸中兼再勤三万俵越前隱居春嶽殿壹万俵被下置日々登城何れも急速御上洛与被　仰出併近年之内与被　仰出候付九年之内之由今度ハ此三四年よくも可有之候哉抔専ら風説仕候尤表向懸りおいまさ不被　仰付御內意御座候御政事向も御變革相成凡寛永以前之所ニ御基き与之御事全く其比ハ変易有之時代ニ付而之事欤共申候外國ゟ本條約迄御取極相成候上ハ俄之御斷も出來不申候抔与専ラ申候去月廿九日夜東禪寺ニ而下官両人切殺是ハ同所御固之松平丹波守殿家來之由ニ而風説御座候十三日抔ニハ周防守殿御宅ニ而英吉利人應接脇坂中務殿水野和泉殿も出

席大論之由併此節ハ外國懸り之御老中至而御評判宜敷此頃之應接之時夷人申聞ニハ人命程大変な物ハ天下ニ無之よし申聞候由之処板倉殿答ニハ日本ニ而ハ主人程大事ナ物無之主人之爲ニハ人命ハいとゐ不申との答之由ニ御座候異人應接之節ハ出席之御老中登城御用捨之處十三日ニ前顯之通懸り三人被相越候付殘りハ松平豊前守殿其上晝後ゟハ敕使大原殿登　城於御黒書院之御用談ニ付應接濟一同登　城ニ相成此節之御老中ハ實ニ日々腹切勝負計之由ニ御座候大原殿御用向更ニ洩不申一說ニハ被　仰越候丈は同人下著迄ニ夫々被　仰出ニ相成案外与も申候御臺樣御内用之封書壹通同人持參与も申候初而登城之時千代紙ニ而張候小サキ文庫より御内書取出し
御前ニ差上候由ニ御座候大原殿ハ江戸表ニ而茂大分近付之者有之由暫く東都ニも被居候人ニ而俗ニ申繩くひとら申候由

一番〔蕃書カ〕所調所今般一橋御門外ニ御取建相成洋書調所与御改替相成日々繁昌

ニ御座候伊藤圭助抔右方〻出勤ニ御座候又今般ハ奥醫師悴ポ三四人阿
蘭陀國〻出帆於彼地醫術修行被仰付相越申候
一小笠原島俗ニ無人しま〻も御役人方再明日出立御開地ニ相成百姓大工ポも一
同ニ出帆ニ御座候田畑大凡六七万石も出來可申説ニ御座候右島ハ先頃
中ハ夷人澤山居住致居候處外國奉行始メ相越追立候島ニ御座候
一上様ニハ御鳥部や御取潰右跡〻劔鑓之御稽古場出來奥向ハ申ニ不及御
番衆當番之者抔俄ニ御呼上ケニ而奥向之者与仕合被　仰付其外御譜代
大名抔式日ニ俄ニ　御目見被　仰付御直ニ色々御尋ポ有之候由ニ御座
候夫故欤又ハ寛永頃無之哉當年嘉定御見合ニ相成申候前顯御鳥類大躰
ハ御放シ相成飛ゞさき鳥ハ被下ニ相成右中ニ而其鳥を○出しテ求メル
人も有之御儉約いまゞ不被　仰出候得共諏訪平くづ襠ポ相用右品々更
ニうれ切れとも申誠ニ千（差カ）者万別ニ御座候
一乗切登　城之儀六月朔日御目付妻木田宮事柳原ニ而馬ゟ引おろされ候

由右ハ已前召仕候家來与も申子細不相分同人義ハ翌日直ニ御役　御免
夫故乘切少ク相見申候尤過日大目付幷御目付之內ゟ彼ホ駕籠訴と申儀
有之候處乘切ニ而途中ハ別當計ニ付込り被申候由夫故右躰之御役家ハ
乘切なしとも風說仕申候

一西洋調練追々御開相成一同格別出精ニ付武州德丸原ニ而隊伍調練初り
板橋宿離れな隊伍を組三番頭ハ馬上其外御旗本諸組與力同心迄歩行立
ニ而往返是ハ誠ニ見事ニ御座候往返りとも陣押之躰ニ御座候爲年寄稲
葉殿御懸り之

　但遠方故一泊不苦旨をも被　仰出よし

一町奉行石谷どの一橋御家老ゟ右跡御勘定奉行な小笠原長門守之

一御目付瀧川主殿どの又々講武所頭取被
仰〔付脫カ〕・大不機嫌之

一此度改而御老若とも音信更ニ斷相成申候併半藏御門もじめ外櫻田ホ通

扨已前之通相成

一方角大名火消火叓之模様ニ而　奉書を以被仰付候由是ハ昔之通實ニ淀橋邊之大火ニ四ツ谷御門ニ馬鹿お顔をしく蠟蠋（燭カ）ぞれるニ御座候右之通追々御改ニ相成既ニ御普請方小普請方も已前ハ無之由ニ付右二タ役とも御作事方ニ割入ニ相成申候其外申上度儀事〻（マヽ）も御座候得とも重便申上候以上

六月十七日

五月廿四日

大目付溝口讃岐守ゟ脇坂楫水相渡候よしニ而　御城附共へ一紙ニ而

昨夜切帋を以差越候書付之寫

今般加判之列被　仰付候就而ハ諸家ゟ爲歡贈物可有之候得共一旦隱居も致し候上再勤被

仰付候儀ニ候得共此度ニ限り右歎として諸家ゟ贈物之儀堅く及斷候間
其段向々江可被達候事

五月廿二日

大納言樣　水戶樣　紀州樣御登　城被遊候處　御部屋江御老中一同罷
出今日於　御座間　御對顏可被遊旨和泉守申上之候付則御礼品之儀
御直ニ御尋被遊候處御先格之通被遊候樣申上之候

一大納言樣　水戶樣　紀州樣　御對顏後　御部屋江御老中罷出候節今日
於　御座間　御對顏被遊候御礼且御菓子被進候御礼も被仰述引續松平
肥後守松平春嶽も罷出御用禮有之相濟而御退出被遊候

六月於
尾府左之通御觸
公邊御政事向御改革之儀今度被

仰出大凡寛永已前比之振合ニ基格別簡易相成候様ニ与之　御主意ニ有之殊ニ外國御交際之上ゟ別而御兵備充實ニ無之候而ゟ不相成時宜ニ應し候御變革被取行簡易之御制度質素之士風ニ致復古御武威相輝候様被遊度与之被

仰出候有之候間於

御家候

公邊之御制度ニ被准追々被

仰出候品候可有之候銘々可有其心得候

右之通於両地可被相觸候

六月

右之通於江戸表内記殿被仰渡候付相達候被得其意組支配才有之面々ゟ組支配之方ニ候可被達候

六月十八日　御目付

○御城帳略寫

六月二日久世大和守御役
御免鴈之間被　仰付
同十八日若年寄酒井右京亮御役
御免城主格被　仰付

同七日
勅使到著ニ付傳奏屋敷ヘ被遣之左之通

御使　板倉周防守（原朱）勝靜
差添高家　横瀬山城守

六月十日
勅使
御對顔ニ付溜詰同格御譜代大名高家詰衆御奏者番右嫡子共登　城
今巳上刻御白書院

出御

敕使　大原左衛門督（原朱）重德

右御對顔

禁裏ゟ被進御言傳物御目錄持參

御口上之趣述之

御太刀目錄　自分御礼

一紗綾五卷　同　人

右出座高家披露相濟而御間之御襖老中開之御敷居際

立御　御次御疊緣

扇子　大原左衛門督家老　堀內典膳

同　喜多川大膳

右

御目見御奏者番披露此節御譜代大名其外並居
御目見相濟
大原左衛門督
右出席
敕諚之趣
御直ニ述之畢而
入御
一御表
出御ニ付爲伺御機嫌御三家方ゟ使者被差出之
於躑躅間謁周防守
御使　前田伊豆守
敕使ニ右
御對顏相濟候ニ付御樽肴被遣之

六月十一日御登　城

御對顔

上意有之

右同日溜詰も同斷

上意有之

同日和蘭陀國江被差遣候左之通

尾張大納言殿 承德 (原本以下同)

水戸中納言殿 慶篤

紀伊中納言殿 茂承

尾張前中納言殿 慶恕

御小姓組山口丹波守組
御軍艦組出役
内田恒次郎

奥醫師
長壽院養子
伊藤玄伯

奥醫師
洞海悴
林研海

小普請組
大原主膳組
御軍艦組出役
澤太郎左衛門

六月朔日御礼以前布衣以上御役人一役壹人芙蓉之間ニ罷出御老中御列座被　仰出之趣

近年之内

御上洛可被遊旨被　思召候御治定之儀ハ追而可被　仰出候此段先

御内意可申達旨被　仰出之

御礼後万石以上之面々於御黒書院再

御目見被　仰付　上意之趣

近來不容易時節ニ付云々

右御直被　仰出之

國持大名
御譜代大名
外様大名
鴈之間詰
菊之間縁頬詰

今日　上意之趣誠ニ以厚云々

右　入御以後於御白書院御下段中務大輔申達老中列座

風聞

五月晦日之夜東禪寺滯留之イキリス人之内マトロス貳人壹人卽死壹人深手

右も松平丹波守殿御固人數之内御徒之由伊藤軍兵衛廿壹歳之由度々之意恨

ニ付切殺立退同下屋敷ニ而切腹いたし申候
一酒井若狭守御用　召之故《処カ》此節病氣ニ付延引之御達有之長文故略之
一島津三郎行列ハ薩州同樣ニ而金紋先箱三本道具跡乘騎馬貳騎未登　城
〆無之御老若にも相越不申候由其内松平春嶽樣にも通用門に參候由尤
通用門之儀ニ付開門致候よし傳奏屋敷にも罷越内談有之候由ニ候供連
〆士分多勢召連候由ニ候　公義方も一向御さ川と無御座由ニ候同藩之
人の申よハ島津三郎と申仁ハ中々六ツケ敷人ニ而いつも一筋ニ而ハ引
取申間敷よし申候と申事ニ候
一六月七日　敕使著ニ付御老中一同參り内々敕命之趣相伺被申候処是ハ
御直ニ申上候事ニ付難申且　和宮樣に　敕命有之趣ニ付九日ニ奥女中
老女貳人表使貳人參り傳奏屋敷ニ而暫ク内談有之候よしニ候
一敕書御人拂ニ而御渡申上候由ニ而一向洩不申候
一十八日

勅使再登　城會津越前御老中方御内談有之候

六月廿二日出江戸状

松平春嶽

六月七日

以來折々登　城可致旨被
仰出候付爲御手當壹万俵ッヽ被下旨被　仰出候

同日通辭

竹橋御門　清水御門　田安御門　半藏御門

右御門々々以來御役人之外明後十一日ゟ通行不相成旨萬延元申年三月
九日相達置候処向後前々之通通行相成候尤夜分ハ近來之通御〆り相成
候事

壹万石　若年寄外國懸り　酒井右京亮（原朱）忠亮

御役

御免鴈之間席被　仰付年來出精相勤候付城主格被
仰付
酒井若狭守(原朱)忠義
名代
森川出羽守
思召有之御役
御免帝鑑之間席被
仰付
○六月十三日早便を以尾に被仰遣候義東海東山両方に御用之儀有之年寄共之内両人計早速出立登　京可致時宜ニ寄卽答を可仕者任撰を以差登可申との御沙汰ニ候也
○去ル三月
和宮様御直書之一信有之候ニ付直様入

天覧候処殊之外　逆鱗早速九條殿を被爲　召候迚柳原殿　勅使九條家ゟ被參向候処例之病氣を申立御斷被申候得共柳原殿一向承引無之弥有様被申立候ハヽ寐所踏込實否相糺時宜ニ寄手込ミ致し候而茂參　内爲致候抔と堂上不似合之豪傑ニ而居丈ヶ高ニ被相成被申候ニ付無據九條殿參　内門迄姫路と若州との秘士共両方ニ立ふさらふを參　内有之候処殊之外　逆鱗ニ而　玉手を以九條殿之面上をたゝゝゝ而御打擲有之候共申候風聞御座候

○嶋津和泉近衞家ゟ被參候処中山殿久我殿三條殿同席之処別段建白も有之候処右も一同立合之上ならでハ開封難成旨ニ付口上ニ而被申上候三ヶ条

一第一ハ天璋院之儀何分卑賤之娘ニ而一旦近衞様御養女とハ乍申一天万乘之至尊之御妹様（私云和宮様なり）を子と仕候義冥加ニ背き何共申上様無之既ニ去春　公邊ゟ歎願いたし里方ゟ引取隱居爲仕可申段申上候得共

御取用ひ無之
和宮様御下向之儀も主人修理太夫一同實以寝食不安晝夜恐懼のミ苦心痛却不一方此儘打捨置候而も向後嶋津家相續之事件ニ相係り後來之神罪空恐敷依之近衛様ニ御引取其上拙者方ニ御返被下度事
一第二近來修理大夫身上不如意ニ而必至ニ行詰り其上諸色高直ニ而上下參勤（覲カ）之路費莫太（マヽ）相嵩ミ國元より大船を以運送人數ホも無乘込可申儀ニ而歎願相叶不申迚ニ而兩三年此儘押張候而も忽滅亡ニ及ひ子孫斷絶ニおよび候程之儀ニ而向後ハ江戸參府ハ相斷京都ニ四町余方之地面を拜領之儀
敕免を蒙り御當地迄無懈怠主人常在京同様登京仕居第一
天朝を守護仕　叡慮を奉安度尤地面之儀も井伊先例ニ而有之事故何分ニ而
敕免を蒙り候而江戸ニも五ヶ年ニ壹度名代を以參勤（マヽ）被致度事

一第三外夷渡來相拂〔打カ〕之儀迚も言語絶果此上建白仕候所存無之上も他家
も不存候得共島津領分之内江夷船渡來仕候ハヽ無二心打拂度
赦免を蒙り度事

右之三ヶ條ニ候処御尤ニ被
聞召深き
思召茂有之候ニ付先和泉儀も伏見江差扣可申趣表向被
仰渡候得共
御内意ニも矢張京屋敷ニ滯留警衛第一ニ被仰付候由

六月十八日

御普請奉行
　中村石見守
　大久保大隅守

時服五ッヅヽ

小普請奉行
田村石見守
朝比奈甲斐守

同断

今般御改革被
仰出候付御普請奉行小普請奉行以來被差上候右ニ付御役
御免勤仕並被
仰付是迄出精相勤候付被下之候
六月十八日

若年寄
遠山美濃守（原朱）友詳《祥カ》

六月十九日

御勝手懸り外國懸り可相勤旨

同
稲葉兵部少輔（原朱）正已

外國懸り可相勤旨

久世大和守広周（原朱）

西丸下屋敷御用ニ付家作共可被差上候大名小路水野和泉守屋敷之内四千八百六十六坪家作共被下之同所地續二千六十五坪當分御預ケ地被仰付

水野和泉守

西丸下久世大和守屋敷家作共被下之只今迄之屋敷家作共可被差上候

六月廿六日

外國奉行
水野筑後守

金拾五枚
時服四

御目付
服部歸一

金拾枚
時服三

右周防守申渡之

小笠原島御改革爲御用罷越骨折候付被下之

六月廿八日

喜連川左衛門督奉願置候通余一麿儀養子被

仰付跡式無相違被下之

水戸中納言殿弟
松平余一麿

六月晦日

大坂御城代
松平伯耆守（原朱）宗秀

所司代被　仰付被任侍従旨

酒井若狭守跡

寺社奉行
松平伊豆守

大坂御城代被　仰付被任四品旨

松平伯耆守跡

御奏者番
有馬左兵衛佐

寺社奉行加役被　仰付

松平伊豆守跡

御小性組番頭次席
外國奉行
新見伊勢守

外國奉行
岡部駿河守

御側衆被　仰付

大目付被　仰付

右於
御前被　仰含之

近年之內
御上洛被　仰出候ニ付御道筋其外見分取調爲御用明廿九日江戸出立其筋罷越候條得其意寛永度
御上洛之節　御休泊御小休所之ケ所々々取調幷渡海之外川々渡船歩行渡ま之場所々々如何之御振合ニ而

御通行相成候哉其所之古繪圖古書物舊記ホ前以穿鑿取調置廻宿之節可
差出候尤川々渡海ホ之場所ハ夫々見分いゐし候積其外
御休泊割之模様ニ寄宿村之内寺院境内をも致見分候儀も可有之候間追
而廻宿之上可申談候条其旨相心得此觸書承知之旨人々請印早々順達從
留り著之節可相返候以上

戌六月廿八日

御普請役
増田多録郎

御普請役元〆
米倉幸内

東海道
品川宿ゟ熱田宿迄
夫ゟ
美濃路通
大津宿迄
夫ゟ

東海道
桑名宿迄

右宿々
問や
年寄
中

追而久能廻り本坂通り佐屋路[　]渡海渡船川越ホ往還通り通路不宜場所ホ夫々致見分候積ニ付寄宿々ゟ本文之趣及通達置候様取計可申候
以上

御上洛ニ付七月廿日當地通行之由ニ而寺社方ゟ左之通觸有之由
近年之内
御上洛被
仰出候ニ付御道筋其外見分取調爲御用御普請役元〆格米倉幸内御普請役増田多録郎罷越候趣宿觸相達　御休泊割之模様ニ寄宿村寺院境內を

も見分可致との趣も有之候付　御道筋模寄之寺院社家ゟ見分可致旨申
聞候義も難計候付問屋共ゟ申入次第差支無之様可致事
七月
寺社奉行所

文久壬戌

東西評林

貳

麹町七丁目
伊勢屋八兵衛様
平安無別条
英魯鈍旅館より

市兵衛
封
戊四月十二日

一筆啓上仕候向暑之砌ニ御座候処先以旦那様皆々御一同様御揃被遊珍重御儀奉存候次ニ私儀無事ニ罷在此段御安心可被下候然ハ當四月朔日巴里斯出立仕晝八時比地名「カレイ」旅館ニ至ル二百八十里ト云至而靜なる所之二日朝四時比同所出帆佛國軍船ニ乗組晝八時比英國「ドヲブル」港

ニ著海上廿一里ト云先以旅館ニ至即刻蒸氣車ニ而夕七時比英都魯鈍旅館ニ至ル九十里ト云

一ドヲブルゟ魯鈍ニ至る途中海岸を通る鐵道を以橋ニ似たる物を造り右之上を蒸氣車ニ而走ル又穴を通る事六度内三ツハ三里位宛アリ是ハ山を堀し之

一魯鈍遠く巴里斯ニ不及我江戸ニおいて時ハ巴里斯ハ本町傳馬町邊之又魯鈍ハ本所深川邊之市中又家居も至て素《ママ》之

一巴里斯ハ物の上を好て價の高きを不厭ト依て美之

一魯鈍ハ其安きを好て我ら懐ニ金有を善といて因て素《ママ》之

一絹木綿其外種々品々巴里斯より來ト云又時計抔の類ハ魯鈍上なるよし然シ巴里斯ニて銀五十ドルラル位の時計ハ魯鈍ニて七十ドルラル位但同物の品之右ニ限らす賣物至て高直なる所あり

一英國日本人の爲ニ手當甚已厚し著の砌警固あり役人もなく又旅館及食

事ホも極素之御奉行方御家來私共ニ穴藏ニ而食事なせ晝といへとも火を燈し腰懸臺なとハ過半崩𛂞但食事三度共一菜之

一市中遊歩の節も多くハ歩行也馬車抔出せ事至而稀之

一御奉行方遊歩之節も附添の官人無之右ニ不限至〻麁末なり

巴里斯

一旅館七百廿余間有と云日本人の部屋なとハ極上座敷也平生官人三人位ツヽ詰合用向を辨𛀁日々市中遊歩之節馬車なとハ極上を撰ミ又官人多く附添其外日本人の爲ニ一構の如くなりし官人晝夜番をなし我々共近所廻り出候節右官人付添市中の見物を制し又八九町位の所へ至り候をも馬車をもこび來りて乘せ其手當宜敷事感𛀁べし

一食事なとも種々馳走なり

一毎夜々々芝居又ハ曲馬などニ至る

右ニ限らせ手當宜敷事種々御座候へ共筆紙ニ難述只其荒増を書し而已

一巴理斯旅館ニ居る事日數廿二日右之日數位ニ而御用辨ニ相成候へハ全當九月比ニハ諸國共御用濟ニ相成べし然ハ十一月中ニハ日本國へ歸朝致す事ニ成ぬべし先夫迄ハ歐羅巴ニ居り然シ米魚肉を食し不自由成事一切無御座候日々遊歩をなし諸方見物仕候間殊ニ以此上もなき樂しミニ御座候乍然江戸表之御樣子御案事申上如何遊ハし候哉御左右御伺申上度候へ共遠く万里ニ至り候へハ只幸便ニ任せ書狀差上候而已何レ歸國之上御機嫌御伺申上奉り又種々珍事澤山御座候間又御噺奉申上候先ハ右一左右御窺申上奉り候以上恐々謹言

戌四月十二日　　　　重《市カ》兵衛

檀那樣

御一同皆々樣

猶々皆々御一同樣ニ乍恐宜御傳言之程偏ニ願上奉候

西洋紀元一千八百六十二年第一月廿二日卽皇朝文久元辛酉年十二月

廿二日乘船

船名　ヲ、デン

廿二日晴　大日本國江戸表ゟ英軍船乘船其夜横濱迄出ル

廿三日晴　朝六時横濱出帆

廿九日晴　朝四時長崎表著

文久二年壬戌正月

元　日晴　曉七半時長崎出帆

六　日晴　朝四時支那香港著

十二日晴　晝七時同所出帆

十九日晴　朝五時印度シンガポール著

廿　日晴　晝八時同所出帆

廿七日晴　晝四時印度セイロン島之内チリンヱマレイ著其夜五時比出帆

廿九日晴　朝五時印度セイロン島之内ゴール著

二月

朔日晴　暮六時同所出帆

十二日晴　夜九半時印度エテン著

十三日晴　晝七時同所出帆

廿日晴　朝四時シエス著

廿一日晴　晝九半時同所上先以旅館ニ至此所ゟ蒸氣車参《乘カ》り地名カイロ至即カイロ入口ゟ車馬ニ乘暮六時奉行乍（此文字不審）浦ニ至る九十里

廿四日晴　晝九時馬車ニ乘五里許行此所ゟ蒸氣車ニ乘七時比地名カアフルオヤニ至る即食事致し又々蒸氣車ニ而夜五半時地名アレキサンドリニ至り即刻乘船英軍船是ハ軍場へ人數を差送ル船ト云長六十二間半

廿五日晴　朝五時同所出帆

廿八日晴　朝四時地中海マルタ著

三月
二日晴　晝九時同所出帆
五日晴　晝九時マルセイル著
七日晴　朝四半同所上陸馬車ニ乘二里計行此所より蒸氣車ニ乘
り暮方馬車ニ乘暮六時地名リヲンニ至百二十里
九日晴　朝六時馬車ニ乘二里計行此所より蒸氣車ニ乘佛蘭西都
入口ニ至暮六時パアレイス旅館ニ至三百六十里
都ゟ航海中天氣宜く雨ハ三日四日計
大日本海ゟ支那之香港邊迄ハ波荒く是ゟり佛蘭西國ニ至る迄ハ海平に
して池水の如キ所多し
一食用品日本同様なるもの數〔多脱カ〕決しく差支なし
○六月向々に渡候書付
此度出格之御改革被　仰出候も深ク

御仁意も被爲在候義ニ候処積年泥有之事故両三年普く御仁化ニ及ひ候
様ニ相成間敷候就而も　極老之者共若其内ニ相果候而も　御仁恵ニ相
洩候者有之候而も歎敷且養老之義ハ風俗を厚爲致第一之儀ニ而有之候
ニ付旁今度江戸京坂を始遠國奉行支配所諸國御代官御預所共諸民八十
歳以上之者米銀錢之内可被下候旨被　仰出候間被得其意銘々支配所分
早々取調相應ニ被下方可被取計候尤遠國之分も調ニ不及候間員數等致
勘辨被下方夫々取計追而委細可被申聞候
右之趣可被得其意候
　　戊六月十九日　　　　　　　　　　　御勘定奉行ゐ
　　　　　　　　　　　　　　　　　　　松平出雲守渡
同文言
右之趣得其意御代官御預所役人ゐ可被申渡候

在府遠國奉行ゟ
勝田伊賀守渡

同文言
別紙書付差越候間得其意京都町奉行ゟ可被申渡候尤林肥後守桑山左衛門尉ゟ可被達候以上
六月十九日　　　連　名
酒井若狹守殿

○七月六日豐前守宅ゟ銘々家來呼可渡書付
松平和泉守ゟ
御政事向御改革之
御主意ニ付而も御譜代衆取締之義奥平大膳大夫小笠原大膳大夫松平丹波守ゟ相達置候處猶又其方幷諏訪因幡守相心得可申旨

御沙汰ニ候委細奥平大膳大夫始相談可被取計候
諏訪因幡守

同文言

私儀御役
御免ニ付於其表家來之者ゟ伺濟之通今九日御役宅引拂當姉小路通神泉苑町西ヘ入町拜領屋敷ヘ引移御《マヽ》移御役宅町奉行所ヘ引拂申候此段御届申上候以上
七月九日　　酒井若狹守

同十七日出ル

一今度春嶽様御登　城之上壹万俵御拜領之趣國家老中不承知之旨ニ而國許ゟ家老罷下り常御家ニおゐてハ右様之御用御勤被遊候御例無之且ハ天下之御爲ニ候ハヽ御時節柄ニ付壹萬俵御請被遊候義ハ御譜代大名之

事ニ而當家三拾万石餘有之候へハ決而御請無之方可然天下御爲欤ハ不存候へ共只今之所ニ而も如何ニも當家之御耻辱ニ候間是非御斷可被仰上といふ因之半月計御病氣□引籠之処日々御老中方御見舞之由然処七月九日又々

叡慮之趣ニ而日々御登　城有之候内實ハ御家來貳ツニ分ヲ内輪純熟しかさきよし

○七月三日

大目付兼外國奉行
大久保越中守

御側衆御用御取次千石高ニ御加增被

仰付

七月四日

御側衆御用御取次

大久保越中守

今般御側・〔衆脱カ〕被
仰付千石高ニ御加増被下候処御時節柄御加増頂戴仕候段恐入候付御
加増之儀御辞退申立御足高ニ而相勤度旨内願之趣達　御聴奇特之事
ニ被　思召候折角被
仰出候儀ニも候得共再應内願之次第も有之候付被遊　御聞届唯今迄
之高ニ並之通御足高可被下旨被　仰出之
右於御用部屋豊前守申渡老中列座

○酒井左衛門尉家來差出候書付

左衛門尉家來齋藤治兵衛倅清河八郎義當地於玉ヶ池住居罷在去酉年
五月中御吟味筋御座候処致出奔候ニ付召捕方之儀町御奉行石谷因幡
守様御沙汰有之爲相尋候得共行方不相知捕押兼候処京大坂ゟ當四月

出之書狀再三差越不容易企仁《マヽ》候樣ニ相見候間人數差向取押可申哉ニ
候得共折節上方筋浪人相集不穩風說相聞其上居所柄と申殊不慮之變
も難計候間卒爾之取計ニ相成兼見合申候然処四月附ニて候得共□
書通有之兼而御沙汰御座候処其儘相過候義如何ニ而不本意至極奉存
候當時何方ニ立廻候哉居所難計候得共可相成て
御差圖を請何方ニ成共捕方之者差出シ爲召捕申度猶其節御指揮被下
候樣仕度此段各樣迄御內々相願置候樣左衞門尉申付越候以上

酒井左衞門尉內

七月十日　岡田楫兵衞

私曰此者ハ兼而水戶浪人ニ一味致し候者之由ニ而西國方ニ立廻り
國主家來を以申入候哉此節ハ薩州屋敷ニ入込罷在候と存候先年妾
弟弟子ぶハ御召捕相成申乃《叙カ》術何程之者共相分不申江戶一番千葉家
まても此者之藝術難計候よし

七月十九日

松平出雲守
黒川備中守
福田甲斐守
立田錄助
池野勇一郎

右五人
御國益御主法方に（マヽ）廢止候間可被得其意候尤御主法方役々并支配向之内右懸り之者共に而其段可被申渡候右ニ付而も御主法方役所引拂右地所御作事奉行に引渡候様可被致候

七月

一七十表（マヽ） 白米 但四斗入

右ハ八丈嶋浮田一類共ゟ合力米之儀申越候付前々遣來候通彼嶋御代官
ゟ賴遣申度存候
七月　　　　　　　　　　　　加賀中納言

江戸橋際海賊橋牧野讃岐守屋敷を取上御國益ト相唱諸品交易問屋於
公邊御役人出張出來之処此節御差止相成申候畢竟久世安藤商人同様之始
末をもく御ミ問屋共甚難澀之処先々安心仕候由
糸類ハ都而岩城國產ト唱安藤ゟ會所を江戸横濱ニ立置運上を取上米穀ハ
久世之取締ニ而運上を取上ケ殊之外もふ斉込候よしニ候是迄ハ町人共も
一向咄しも不申候処此節ニ至り候而ハ色々之惡說出來申候
七月廿六日　　　　　　　　　松平伯耆守ゟ

年頭并　御婚礼相濟候御祝儀才相兼
敕使參向且　御婚礼被爲濟候爲御祝儀
親王使准后使參向時節之儀何比著府候而可然哉之旨傳奏衆被申聞候段
酒井若狭守勤役中申越候當閏八月廿八日當地著之積ニ而參向有之候様
傳奏衆江可被達候事
七月
七月廿七日
所司代
松平伯耆守
御用之品者有之候間追而相達候迄出立御見合候様可致候御暇之儀も御
用濟之上被
仰出ニ而可有之候
七月廿八日

川越城主

松平富之丞江

今度品川御殿山外國ミニストル屋敷御取建ニ付品川二本榎通江新規道敷出來相成候間其方高輪陳〔陣カ〕屋地之内北之方崖際高輪通ゟ二本榎迄可差上候委細之義ハ御作事奉行江可申談候右ニ付御手當金千五百両被下之

所司代大坂御城代出立之節諸家ゟ先格仕來等ニ而餞別相贈又ハ品川宿江見立附使者差出城下宿々ニ而も其所之御代官領主地頭ゟ馳走人口〔夫カ〕人數差出來候由ニ候得共此度ハ右廉々惣而相斷度旨松平伯耆守松平伊豆守申聞候旨豐前守殿被仰聞候段伊澤美作守殿被申聞候間申進候以上

七月廿三日

覺

松平春嶽御政事總裁職被
仰付候得共
公義向之御礼并年始節句其外相越ニ不及且又　御機嫌伺呈書端午重陽
歳暮之祝儀參勤其外都而贈物ニ不及候間其段向々ニ寄々可被達置候事
七月
但大目付より大名にへ之御達寫なり

一因伯両州村庵有之候釣鐘ニ而村役ゟ差出差支無之旨請書致候ニ付取揚
候積西國ニ而小本寺本寺並之方相除寺社山伏村庵ゟ取上候積之惣數貳
百四十三
右之通御座候此段御届申上候間宜敷御差圖可被下候以上
戌七月
右取調此節寺社奉行ニ而右御掛井上河内守相達候よしニ候

一八年程已前　公邊ゟ釣鐘を大炮ニ拵不苦旨御沙汰有之候節出羽秋田佐竹右京大夫領ゟハ寺の半鐘計殘置其余釣鐘不殘取上大炮鑄立申候由然処左之釣鐘一ッ懸に怪我人出來打崩スといへとも不割其儘ニ而元ゟ被返候由右家來之由當時浪人ニ而當時ニ住居之者語申候

城下ゟ二十丁計北　寺内《テラウチ》寺　別當法教院祈願所

越戸大權現

右神ハ田村將軍奥州征伐之時都ゟ奉持來退治之後祭所之

風聞

一七月廿三日傳奏屋敷ヘ一橋樣春嶽樣水野和泉守殿板倉周防守殿島津三郎被相越種々御用談有之翌廿四日急御狀ニ而酒井若狹守殿御召之由右前日之御用談色々風聞有之此節會津樣痲(痳カ)疹ニ而御引籠日々御退出夕刻ニ相成然共外御役人向ハ御用濟次第勝手ニ御退出有之春嶽樣初御老若

計夕刻ニ相成申候八月七日ゟ脇坂不快實ハ御相談之義ニ付春嶽樣と立合存分申立翌日ゟ引籠候由同八日春嶽樣御引取ゟ會津樣ゟ御出被成御談合之由翌九日ハ御退出八ツ時迄大手之方ゟ春嶽樣御退出有之右前日迄御退出夕ニ相成候處九日ゟ八ツ時比ニ相成候處ニ而も先々御評決ニ相成候義と推察仕候

一八月三日ゟ板倉殿屋敷侍分御門出入殊之外嚴重ニ相成候由他向ゟ使者ヰ夜分來候共一両人之外ハ門外ニ爲待置尤侍分ハ表門を入内玄關ゟ通し可申中間之分ハ通用門ゟ其内表門通用門共御門外ニ多人數罷在候ハヽ窓ゟ能々見屆一時ニ多勢入ふさる樣ニ相成申候八月八日上野　御名代之節も隱供十八人召連申由右一条ハ此度京都ニ而諸浪人共九條關白殿ト所司代を打取申候巧致候付　天子御膝下之儀ニ付　宸襟を被惱御咎ヲ薩州家ゟ御沙汰ニ相成候ニ付其旨江戸表ゟ三郎同道致し候浪人共ゟ爰申渡候処浪人共殊之外立腹いたし只今ゟ手別ケ致し御老中方ゟ押

懸可申旨申募り候付此段早速薩留守居西筑右衛門板倉様ゟ申達八月三日申達
同夜先々取鎮候趣家老島津登罷出御直談申上候而帰り申候由板倉殿ゟ
直ニ一橋様ゟ御使参り候由ニ候

一先年迄ハ加州領分銭屋ト薩州島津三郎領分トニ而異國ゟ内々交易いた
し候処此節ハ三湊御開ニ付三郎領分交易止ミ至而つまらぬ故時節を伺
ひ此度
天子之思召と云ひ旁以異人打拂ふ西國申合浪人之先ニ立謀計を以罷下
存分行届候様一身之覺悟致必死之家來四百人を召連大原三位を申合三
郎申難き義ハ大原ニ申上させ候由それ故御評決甚六ヶ敷由ニ候薩州家
も貳ツニ割レまち〳〵之由右之躰故三郎爲隠供三十人程召連候よし

一土州隠居も此節登城有之由いつれ會津様同様御政事向御相談有之趣風
聞

一脇坂殿ハ隠居被致被罷在候所へ若年寄酒井右京亮三日續きて御使に参

ふ坐候付無據被及御請候得共春嶽樣〔ニ〕も相氣不仕候付幸ニいたし引籠切ニ相成候由風聞ニ候

一八月十二日晝九ッ半時ゟ大原殿登　城被致候

一先ッ一橋樣ニ而も

前中納言樣之御建白を重ク御持居被遊候哉ニ承知仕候左候得も諸浪人之趣意相立可申哉ニ奉推察候猶今日大原登　城ニ而評決相分可申候

右八月十二日出書狀之寫

備中守改名

村松出羽守

松平富之丞〔候脱カ〕ニ

品川通ゟ二本榎通ニ高輪陣屋地之内上地被仰付・付而も長屋引建直シ而

入費も可有之ニ付爲御手當金千五百両被下候間取拂方之儀松平出雲守有馬帶刀松平備後守竹本隼人正池野勇一郎申談可被取計候被下金請取方之儀も御勘・〔定脱カ〕奉行可被談候且又右爲替地同所屋敷續牧野大内藏柳澤豊後屋敷都合千口百坪被下候間御作事奉行可被談候

七月廿四日

酒井若狹守家來呼可達覺

酒井若狹守義病氣之趣ニも候得共少しも快方候ハヽ押而も早々參府候樣可仕旨若狹守家來呼可達事

大膳事

同日

小西長門守

七月廿八日

有馬中務大輔江

今度品川御殿山ヘ外國ミニストル屋敷御取建ニ付品川通ゟ二本榎通りヘ新規道敷出來相成松平富之丞陣屋地之内上地被　仰付候付往還〔往脫カ〕筋相成候間右道敷ゟ北之方富之丞屋敷上地之分五味釵負屋敷之内共當分其方ヘ御預ヶ被　仰付候間可被得其意候委細之儀ハ御作事奉行可被談候

本庄宮内少輔組
五味釵負

御小姓組ニ而
松平織部正組
牧野大内記

八月十八日家來呼可達覺

知久口門五郎儀家事不取締并知行所世話ホ仕候義大學頭病死致候ニ付如何相心得可申哉之旨松平掃部頭相伺候ニ付大學頭之通相心得候樣相達候段爲心得家來呼可達事

八月十八日

修理大夫家來和泉守宅ゟ差出候書付
修理大夫實父島津三郎義此節罷登り候砌　京都ゟ立寄　近衛殿ゟ致伺
公候筈ニ申聞候依之此段御屆申上候以上
松平修理大夫内
西　筑右衛門
八月十八日
町奉行小笠原長門守申聞候内意書付
一昨十八日暮六時淺草溜内ゟ歸溜囚人共同所鞘内ゟ入候砌大溜ニ罷在
候囚人共可迯去と外鞘ゟ立出候旨番人共相制候処囚人之内及物を持居
候者有之番人ゟ爲疵負相溜囚人之内自殺又も首縊疵受候者有之候得共
迯去候者ハ無之候由但牢屋見廻り與力共申聞候猶委細之義も取調可申
上候得共先不取敢此段入御聽申上候以上
八月廿日
小笠原長門守
宅ゟ酒井雅樂頭家來呼可達覺

酒井雅樂頭義所司代松平伯耆守御暇被下京地到著迄之間所司代勤向相心得在京候樣被仰出御所向御用并御警衞御用取扱在京役之桑山左衞門尉ヽも勿論御警衞之面々に諸事差圖才所司代勤向之通可相心得旨今日以奉書雅樂頭に相達候段相心得同人家來呼可達候事

八月廿一日持歸り

井伊掃部頭

所司代松平伯耆守御暇被下京地到著迄之間酒井雅樂頭義所司代勤向相心得在京候樣被仰出候間被得其意京地御守護才之御用所司代同樣諸事可被致差圖候

酒井若狹守に

右同文言

松平甲斐守に

右廿一日持歸り

松平讃岐守
松平越中守
本多主膳正
稲葉長門守
永井飛騨守
青山因幡守
藤堂和泉守
牧野讃岐守
松平伯耆守

御自分御暇被下京師到著迄之間酒井雅樂頭儀所司代勤向相心得在京候様被　仰出候尤御所向御用并御警衛御用向取扱在京役之桑山左衛門尉も勿論御警衛之面々ニ諸事差圖等所司代勤向之通可相心得旨相達候間被得其意永井主水正ニ可被達候且又傳奏衆ニ茂相達且京地面々ニ可被

達旨京都町奉行　禁裏附并桑山左衛門尉ニ而相達京地警衛之面々ニ而
相達候間是又可被得其意候
八月廿一日持歸り

酒井雅樂頭

所司代松平伯耆守御暇被下京地到著迄之間所司代勤向相心得在京候樣
被　仰出候趣　御所向御用并京地御警衛御用而取扱在京役之桑山左衛
門尉も勿論御警衛之面々ニ諸事差圖ホ所司代勤向之通可被心得候
右之通御奉書達之
八月廿一日

大目付
御目付ニ

所司代松平伯耆守御暇被下京地到著迄之間酒井雅樂頭所司代勤向相心
得在京候樣被　仰出候此段爲心得向々ニ寄々可被達置候事

八月

右書取和泉守達之

廿一日持歸り

八月九日中務大輔宅に水戸殿家老相越候節可渡書付

水戸殿家老に

此度源烈殿御年回ニ付以

思召去ル午年以來御內沙汰有之御伺之衆御手限ニ而愼ミ被　仰付候面々

御免被成候間其段可被申上候

八月十二日出近藤舍人（竹腰侯の臣）實家の弟古田周治（醫業なるも）に之書狀

此地麻《マヽ》疹後過食過動ゟ病發の者ハ暴瀉霍乱となりて忽死も此節江戸中之死亡幾十万といふ事を知らず永代橋日本橋を通行の送葬常ニ百人ニ

満れハ橋を洗ひ清むる事あり此節ハ一日ニ貳度三度洗ひしといへハ貳
三百人之死葬通行せし日も有といふ
若君 私云兵部少輔養子 近江守之拾九才 （マヽ）麻疹後脚氣となり大ニ重症成しが昨日より少々よろ
しき之紀藩之御醫師某
公邊之御醫師某伊藤圭介劑藥を下略

閏八月七日出江戸狀
勅使大原殿一条一向實說相分不申候
勅使之儀も如何相成候哉是又不相分只々登城ホ之儀荒增申上候
六月七日傳奏屋敷ニ著有之御馳走人分部若狹守
同九日
和宮樣ニ之　勅書ハ宰相典侍外ニ女中三人〆四人ニ而傳奏屋屋一ノ御
殿ニ相越被請取申候

同十日表向登　城有之其後四五度御用談登城有之
七月廿三日傳奏屋敷江一橋様初春嶽様御老中両人島津三郎相越終日御用談有之
是ハ實説次第不相分併此儀ニ候哉翌廿四日宿繼を以酒井若狭守急々御呼寄之狀被遣之候
右ニ付八月十四日夜若狭守病著未タ出勤無之候
八月十六日御濱江大原殿春嶽殿ニ高家御取持ニ而終日御馳走有之
同十八日晝後九ツ半時供揃ニ而登　城夜ニ入退出御暇
同十九日島津三郎傳奏屋敷江相越申候
同廿二日晝四ツ半比發足品川ニ二日逼〔逗カ〕留有之
八月廿一日發足島津三郎供方之者異人を見懸廿人計抜連壹人即死貳人深手女異人額ニ疵受迯去候由此女横濱之注進ニ付一同立腹劔付鉄砲持

參ニ而川崎宿迄押懸來り宿内一同戸を〆申候由右ニ付
廿二日晝後俄ニ板倉周防守殿宅ニ而アメリカ　ヲランタ共三人罷越應接有之
廿五日朝若年寄青山美濃守横濱に相越ス廿七日比迄留連有之
廿九日アメリカ人同宅に來り應接有之
晦日朝ヲランタ人壹人同宅に來り應接有之同晝後八時比英吉利人十九人内上官十人下官九人同宅に來り應接有之
但上官ハ表門ゟ玄關下官ハ通用門ゟ馬屋に休居ル

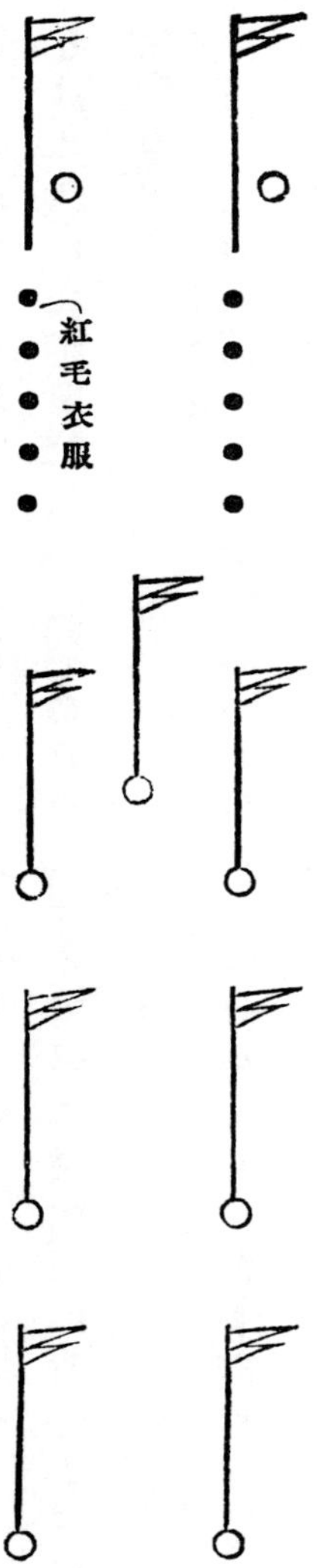

右いつれも馬上上官多分黒衣服下官ハ白衣服ニ而九人共鎗を持馬ニ乗
鎗ハ竹の柄之
上官の馬ハイギリスの馬みて日本ゟ大キ之足少シ長し首筋の毛至て少
し尾同斷金玉ミな〳〵拔候よしよて無之至ておとなして《とカ》

○水府藩士呈書

謹而　大原閣下ニ奉言上候外虜之儀ニ付而ハ賢くも
聖天子御神筭御英斷被爲在　神州之爲奉腦《惱カ》
叡慮伊勢石清水之神宮に御祈誓被爲籠候との儀兼而奉伺誠ニ以難有
奉存候且　幕府に茂度々
敕諭被爲在候処於　幕府夷狄跋扈以來恐怖之餘り　幼將軍を狹《挾カ》ミ奸
曲を盛ニ致し乍恐奉違背
叡慮和親交易差許而已なふそ種々不容易ケ條迄無饜之求ニ應し尊攘

之儀を守り候忠憤憂國之人をハ上下貴賤となく讒誣挑陷《マヽ》いたし暴政慘刻を究候段申上候迄も無之逐一御洞見被爲在候義と奉存候右様奸有司ハ大義を忘ヒ國躰を辱しめ天下之政道を預り夷人を謳《本ノマヽ》いたし古今未曾有之大耻を招き大害を釀し候罪科両度之斬奸ニ至り右両度之義ハ拜謁之上委敷申上度奉存候　斬夷も度々出來候様罷成候而　征夷之号令殆不可行之姿ニ陷り遂ニて

公武御合躰ニ事よせ奉欺　天朝和宮様御下向奉願候処恐入候次第ニ奉存候畢竟如此之始末ニ御座候故九州之有志憂憤ニ不堪近畿聚會之擧動も有之儀ニ奉存候

聖天子天下之形勢を御明察被遊薩長二藩之謀儀《議カ》御□被爲在　公武御合躰ニ御實切を被爲甞神州回復之基を御開被遊候

叡慮赫々　敕諭明々ニ付自然於　幕府も奉遵候様ニ罷成當節ニ至り候而ハ閣老も黜陟有之越前中《本ノマヽ》將會津少將大政を預り決し寛永以前復

古之政事を被建
御上洛之儀ゟ被　仰出候得ハ眞ニ御合躰之御緯〔偉カ〕業中興之機會御到來
と奉仰察候閣下御英明ニ而
叡慮御賛襄被遊候儀と兼而奉存候且先年土浦藩大久保要人大坂ニ相
詰居候節閣下神州之爲非常之御決心御微行被爲在候事薄々奉承知候
其後之儀ハ不奉承知候得共長藩故吉田寅二郎閣下ニ上書之草稿一見
仕候而も御英資奉量察候兎角貴き御方小人好士之羅織之禍ニかゝり
候時世と罷成候故一旦御幽屏被遊候樣ニゟ奉伺苦心仕候処此度曲〔同カ〕天
之時節到來非常之
御敕使御勤被遊候段奉仰賀候私儀卑賤之身を以天下之事彼是申上候
ハ恐入候得共報國之微衷片時も難默止加之敎授又監府をも相勤候身
分ニ御座候間國元有志書生ホ之志願を引受微行仕罷出候間不敬之罪
を不顧愚存之別紙ヶ条書ニ仕奉備貴覽候此段御憐察被下置御取捨被

遊候ハ、難有仕合奉存候頓首百拜

○

一此度　公武御合躰中興偉業を被爲立候御儀ニ御座候得て　將軍家速ニ御上洛被爲在　叡慮奉伺諸侯之謀儀御採用被遊第一他日攘夷之御廟算御決之上ハ武備整肅之功を御積被遊候樣奉祈候右ニ付而ハ京都御守護御堅固ニ罷成候儀御急務ニ御座候間大諸侯中ニ而人物御撰被仰付候樣仕度山陵被爲在候地も守護無之而ハ不被爲叶候樣奉存候且海岸之大小名を初參勤〔觀カ〕之期を緩メ武士之訓練爲致近隣應接之儀ホ頭長を立委任し臨時差支無之樣いたし度奉存候御防備之儀ニ付而ハ兼而熟考仕候ヶ条不少候へ共長文ニ渉り候付今日ハ不申上候扨又一橋刑部卿儀ハ弊藩よりハ申上兼候儀ニて候得共賢德之聞えも有之候得て非常之節ハ副將軍ニも被　仰付附屬も某人を撰候而　大樹公を輔佐いたし候樣命せられ京都ゟも被爲召候樣仕度奉存候是ホハ已ニ

歡慮も被爲在候事ニ奉存候得共無伏臟申上候右樣非常之儀被　仰出候上ハ奸曲を働き候罪魁黃泉ニ陷り候者ニハ御座候得共井伊掃部頭存生之者ニハ安藤對馬守酒井若狹守竹腰兵部少輔水野土佐守等嚴重ニ曲を正し候樣仕度奉存候左候へハ正邪之跡明白ニ相成人心悚然御正道を奉仰候義と奉存候兎角非常之儀は姑息小人共之恐怖ある処御座候得共英雄之射を製候儀油斷不相成候間回天之機會ニ乘し御上洛之儀ホ御違無之樣思慮仕候諸蠻之開港交易御許ニ相成居候得とも俄ニ攘夷鎖國之令御下し之儀も六ヶ敷御座候間右号令御發被成候時日中之事ニ而も惣躰人心折合不宜之廉を以理解申諭御止ニ相成候樣御仕向ニ相成兵庫大坂ホ開港ハ勿論御斷被遊ミニストル等永住之場所御貸被成候儀ハ御止メ相成耶蘇寺建立をも廢し閣老宅ニ而應接をも見合我有用之品とも出し不申彼方・〔ゟ脱カ〕無益之物も不入追々夷狄を制し候樣仕度奉存候夷輩素より利欲を本とし耻を知り不申候故我ふ勢の

強く相成候を伺候ハヽ存外ニ是迄之通跳梁も仕間敷万一虚喝を以兵威を示し宿志を遂んと致し候節ハ断然其變ニ應し武事を振ひ候外無御座様奉存候

一開港交易之論を唱候諸侯も有之様承知仕候処右ハ交代〔易カ〕之論を挾候ゟ遠洋迄も押渡り交易も致し武威を張候見込とハ奉存候得共國體世態をも奉存候へハ昔時武威際〔隆カ〕盛之世ニゟも不可然候へハ閉港鎖國之法を立卓識明訓と奉存確乎不可動之定論ニ御座候間假令他年武備整候節たりとも交代〔易カ〕之儀ハ決ゟ不可用事と奉存候

一烈公　義威二公之遠志を被繼尊王攘夷之事ニおいてハ多年忠誠を被抽度々建白も有之候処不圖も讒人ニ逢ひ両度迄寃罪を蒙られ志業をも貫き不申内不幸ゟして逝去被致從士之情悲歎ニ沈ミ候仕合只今迄存生御座候ハヽ難有奉存候伏ゟ冀くハ積年之忠誠御慰労被遊御褒詞ニゟも御下シ被成下候ハヽ死後之面目と奉存候於京師鷹司様近衛様

御愼解被爲在三條故内府様御墓所に御使被爲立候段誠ニ以奉仰喜候

隨而　幕府ニ於ても尾張前中納言殿一橋刑部卿殿越前前中將殿ニハ

幕政ニも携り候との事ニ御座候処烈公儀ハ全く大病ニ而無餘義御緩

相成候計ニ而眞之御愼解と申ニ而ハ無之相果候儀片時も安し兼候次

第ニ奉存候因而前文御褒詞之儀偏ニ奉渇望候事ニ御座候扨又當寡君

ニおいてハ烈公之遺志を繼述被致御存意ハ家來共に被諭候得共幼年

ゟ國難ニ懲り殊ニ幕府有司之暴政を恐れ候故繼述いたし候而却而有

司之意ニ悖り烈公迄も奇禍を重ね候半と乃心配も可有之彼是延引い

たし候場合ニ御座候尤

天朝ハ兼而御盛ニ被爲在　幕府ハ一新之姿ニ成行候得も是迄と違ひ

一際繼述可仕儀と奉存候間烈公御褒詞を被下候ハヽ難有奉存候而愈

忠勤可仕且其節烈公之遺志繼述可仕旨　幕府ゟ被

仰出候ハヽ水戸闔境之歡喜無此上奉存候將又天下重大之事御施設被

遊候折柄弊藩之儀ハ度々厄難罹り忠誠義勇之輩ハ　幕府之慘刑ニ而死罪ニ相成候者不少禁錮被致候者も有之加之國難ニ忠力を盡し候而自殺致し或ㇵ幽閉入牢ホ申付候者も多く有之叚痛歎之至ニ奉存候

死罪ハ安島茅根を初櫻田一条之者禁錮ハ烈公被用候執政岡田信濃守大場弥右衞門武田修理を初山岡彥八郎其外御座候得共用ひ候樣仕度奉存候

右樣之者迄忠士寃魂を慰候樣罷成候ハヽ君臣共安堵仕候儀ㇳ奉存候是迄厄難打繼候ニ付家中黨派も相分レ兎角小人共勢を得候者多く君子ハ被廢棄是非紛々國政爲治り兼候間烈公之褒詞ニ而も下り不申候ハてハ家政回復之程難測殘念奉存候間汗顏之至御座候得共無據此段奉申上候

一先年幕府及水戸ㇸ

敕諚御下被遊候処

幕府之有司奉違背
叡慮弊藩迄奇禍ニ罹り候樣奸謀を廻し候義故弊藩みくも廻達之儀有之候処被行不申樣成行
幕府ニ悖り候儀心配被致且小人共彼是正議を妨け候ニ付空敷日月を送り候処有司之奸策ニ而終ニ
敕諚返納仕候樣
天朝より被
仰出候との事ニ罷成候ニ付一家中返納仕候方可然と申者要路初め多く有之又返納仕候而も不相濟儀と忠諫讜議いたし候ものも不少候得共少《小》人之爲ニ謬得《本ノマヽ》被致國中頗る不穩誠忠ニ而諫死仕候者出來又領內
驛場ニ罷出居萬一
敕諚爲御登相成候時ハ死を以拒留候心得よく建白いたし候《マヽ》者有之處
君臣之間敬上之餘り態《マヽ》返納を拒候者君命ニ背不相濟義と傾陷いたし

嚴重ニ召捕之達出し候故騷動らぬしく相成候段誠ニ不行屆候仕合慚愧之至ニ奉存候処諫死之者出來仕候旁延引仕候内御猶豫之儀被
仰出一統安心仕候一躰
勅諚之義ハ重大之事ニ付其節重役ニ而も上京仕
叡慮を奉伺御申譯不仕候而も不相濟場合ニ御座候処如何ニ茂多難中
國事ハ定り兼候位之次第ニ付　寡君ニも心配而已本懷ニ背候段不惡
御憐察御宥免被下置候樣於閣下偏ニ奉冀候
右申上候通弊藩多端御座候間長薩二藩之如く上京周旋仕候儀も成兼候得共烈公之遺志を繼忠勇敢死之士數多有之候故何時ニ而も天下國家之爲ニ必死之力を致候事心懸罷在候扠此度長薩二藩之誠忠實ニ感銘仕候弊藩ニ而も長藩由〔周カ〕布政之助ハ應接仕候人も御座候故委細上京周旋之廉も承知仕候三百諸侯之中二藩之如キハ勤王之抜群と奉存候且此度閣下御下著ニ付而も政之助度々拜謁仕候由弊藩ニ而も實ハ拜

謁も奉願度候得共重キ
御勅使ニ被爲在候得モ一封之書差上候事ニ御座候以上
月

○八月四日京師來簡
先達而九條殿内島田氏横氏之前夜同人宅ヘ盜賊押込大切成書物類不殘持歸候由右書ニ付急ニ
御所御局四人幷
太子樣御實母中山殿之御女御下ヶ相成候公家衆都合貳十三人好惡之有之噂其内
千種殿岩倉殿此両人自害相成候樣子
酒井若州用人三浦某荒木某
彥根侯用人三人外廿壹人

九條殿御内三人右當月朔日出奔之由
右何故ゟ樣子不相分候得共不容易珍事ニ付内々申上候
戊八月四日

○八月廿日
落飾蟄居
思召被爲在蟄居被
仰出依願
辭退落飾入道被致候由

伺之上差扣之由

久我前内大臣殿
岩倉中將殿
千種少將殿
富小路中務大輔殿
中務大輔父
富小路二位殿
中將息男
岩倉大夫殿

思召被爲在
御暇被
仰出候欤之由

今城殿
中將内侍御局　是迄御出生ハ被爲在候

堀川殿
衞門内侍御局

壽萬宮様　理宮様　御所生之由

中山大納言殿
正親町三條大納言殿

○八月廿一日
差扣被　仰出尤議奏
御役辭退不及其儀候
旨之由

修理大夫家來周防守宅江差出候書付
島津三郎儀昨日御當地出立仕候段も御届申上候然る処神奈川宿手前
ニ而異人共四人馬上ニ而行列内江乗込候付手招ホを以丁寧ニ精々相

示候得共不聞入無躰ニ乘入候ニ付無是非先供之内足輕岡野新助と申者両人江切付候処右異人共迯去候を右新助跡ゟ追欠付越夫形何方江罷越候哉行衛相知不申候猶精々探索いたし尋得次第其節之時宜承届早速御届可申上候得共先早々御届可申上旨程ケ谷驛ゟ申付越候以上

松平修理大夫内

西　筑右衛門

八月廿二日

英吉利人五人之内

壹人即死　貳人深手　女壹人ひさひニ少々突疵有之

島津三郎儀昨廿一日東海道生麥村通行之節先供近く外國人乘馬ニ而向ゟ參候処横合ゟ浪人躰之者三四人罷出外國人江何欤及混雑候躰ニ付三郎供方之者も引纏居候処右浪人躰之者外國人壹人を打果し其餘外國人ハ逃去浪人躰之者も行衛相知不申三郎供方之者右所業ニおよひ候處（本ノマヽ）ニ

者決而無御座此段形行御届申上候以上

島津三郎使者

國分　市　十　郎

戊八月廿二日

右者神奈川御役所江届出候由

御側衆御用御取次

平　岡　丹　波　守

八月廿四日

若年寄被

仰付千石御加増〆五千石勤候內年々五千俵被下候・被《悦アルカ》　仰渡候

右屋敷替ハ馬場先御門內酒井右京亮屋敷被下候

寺社奉行

牧　野　備　前　守

京都諸司代被
仰付候

所司代
松平伯耆守

溜詰格被
仰付候

○江戸時事

一昨四日薩刕家來中山治左衛門脇坂中務大輔宅ニ罷越候節堀次《イ小太》郎仕置方之儀承候処國許ニ差遣取計可申尤船路國許ニ可差遣旨申聞昨五日島津登罷越候節同様之儀承候処出立日限不都合之儀申立殊ニ陸路國許ニ可差遣旨申聞両人區々之事共申聞候段畢竟去ル三日相達候書面之趣等閑ニ相心得取調方不行届之儀可有之以之外事候付尤一昨日國許ニ指遣候趣申聞候へ共何レニも當地ニ呼下し嚴重ニ仕置可申付若於令遅滞ハ

小太郎儀呼出し可遂吟味候間其旨急度相心得早々取調可申候
戌八月六日

八月九日
一水戸殿御城附〻御渡書付　當月廿六日源烈殿三回御忌ニ付而ハ此度限水戸表□御代香御側衆新見伊勢守□仰付候間此段可被申上候

同十二日
一和泉守宅〻水戸殿家老ロ呼出相渡候書付
此度源烈殿御年回ニ付
思召を以去午年以來御沙汰品又も御伺之上御手限ニ而愼ホ被—仰付置候面々御免被成候間其段可被申上候

八月十三日
一大原左衞門督殿午刻ゟ爲御用談登　城有之候

同日

同日
一中務大輔不參ニ付周防守退出ゟ同人宅ヘ相越夜半迄御用談有之

同日
一一橋殿所勞ニ付夕七時分殿中ゟ急ニ御退城有之

同日
一一橋殿ヘ春嶽殿爲御見舞相越

同日
一酒井若狹守病氣

十六日
一大原左衞門督殿濱御庭拜見春嶽殿ニ而御越之事

○八月廿四日彥根侯家來面々裁許如左

廿四日之夜九ツ時愼
同廿七日夜四ツ時知
行幷士組取上ヶ隱居愼（原朱イニ）永牢
木俣清左衞門

菴原助右衛門
但於下屋敷舍弟ゟ
跡式之事

三浦與右衛門
同但シ上屋敷ニ而實子七
才之者ゟ跡式無相違
（原朱）イニ永蟄居跡目無之

柏原與兵衛
再勤但シ七月廿二日隱居
致居候人之由

同　德之丞
廿四日之夜愼

俗名主膳事
長野義言
廿四日之夜八ツ時揚り
廿七日曉七ツ時於牢
打捨之事

同　永太郎
於江戸愼申付早々
引登揚り屋入

宇津木六（原朱）イ松之丞
於江戸愼申付　（原朱）イ永牢
早々引登　跡目斷絕

於當地愼申付（原朱）イニ欠落　同　文之丞
愼之儘大津ゟ著　田中惣右衛門
同斷　佐藤孫右衛門
同斷　宮崎惣右衛門

○江州人來簡

近來彦根藩中評論差發り両方黨與出來大騷動ニ而家老某を打果し及戰爭との事是ハ必長野主膳の事より起候爭論と被存候且又風說ニて自江府彦根君侯を急御召有之との事左候ハヽ久世安藤於京師ハ前關白殿下皆々罰セられ候上ハ此侯一家安全を不得事ハ分明ニ付一藩之士正邪両徒ニ相成從前所置を論判いたし遂ニ此騷動ニ及候事と被存候先侯大老ニ任セられ候節藩士某歎息して千古罪魁自我藩起矣□說有之藩中有此人捨而不用却て長野義言を登用セられし事是罪魁之所起と窃ニ長歎

を發し候即今承込候ニて長野主膳事木俣庵原其他同心之大臣之家ニ隱さ居候処遂ニ被召捕禁獄せられ一日ゐしく首を刎らさ候よし是廿五六日比之事のよし家老木俣庵原両家をてしめ數名嚴譴ニ而幽閉せられ候との事ニ御座候抑御當家創業勳功の名家初唐〔マヽ〕ニ勝り候中獨此家の繁昌他之不及所ゐしく僥倖而已ニ候処本多榊原ホ之等錄ニも可相成時節と被存候

○九月中旬京師・書〔脱アルカ〕

扨去月六日大原殿歸洛翌七日島津氏續而入京直ニ陽明家ニ參殿有之其後の事ハ草野之可知所ニあらす候得共風說ニハ大原殿從二位大納言ニ昇進五十餘人を一足ニ飛越實ニ出格之御褒美と申事ニ而三郎ハ從四位少將大隅守ニ叙任之処從四位少將ハ固辭之由御臺所御門ゟ參内

天拜も有之由當薩侯ニも中納言ニ被任との噂ニ御座候薩長土之三藩臨〔儼カ〕然鼎立之位置ニ而留滯且藩士洛中洛外遊歩部屋者火方抔と從來町々家々をいやらふせ候輩所々ニ而藩士ニ出合過言無礼之者ハ即座ニ斬却セふれ候輩數十人ニ及び候よし右樣惡徒ハ屛息いたし是ふハ市民のため害を除られ人ミ抔欣悦感戴致し候由ニ御座候

一去ル廿日夜鴨西先斗町某所ニて本間精一郎歡樂醉歸之節妓仲居之輩送り出先斗町より木屋町へぬけ候小路を通り木屋町へ出候処を三四人の士待受居候而斬懸り候故妓等ハ仰天しく逃去候所本間の佩刀ハ仲居持居候よし其後ハ如何致し候哉妓等ハしふざるよし翌廿一日四條河原ニ梟首有之罪狀書略之

前說同文略之

扨此本間も水府浪士激變之時人違ひニく被召捕京師をゐく入獄いたし赫〔赦カ〕免の後京師ニ留り某家の御家來共浪人共申候何分文武ニ達し高

貴に出入諸家ゟ月俸を給り恨を請候事有之と相見此禍ニ罹り候猶又廿三日之朝松原川原おゐて梟首有之是ハ九條家之元諸大夫當時三本木河原御殿之御留守居として罷在候宇郷玄蕃頭なり首ハ鎗之穂先ニつらぬき砂中ニ立置候罪狀書の木札ハ鎗の柄江くゝり付有之候よし

其文ニ曰 略之

前説同文略之

其前夜御殿ゟ急御用ニ而家司入來之姿ニ身をやつし留守居館舎に押込（以下前説大同小異今度ニ略ス）

扨又朔日朝三條橋北河原中ニ而中座手先目明シ文吉と云者ハ高倉押小路上ル所ニ住居中座の下役を相働其娘ハ島田之妾ニ付親敷入込手先ト成種々姦曲有之島田横死之當座ハ身を隠し居候処島田貸附金多分いたし有之ニ付急ニ取立其金子を持て遠方へ迯行趣向与相見西街之役筋を頼嚴酷ニ取立候間借用之者共其〔甚カ〕難澁之事共相聞浪士共如此

致し候与相見申候元來悪徒ニ而江戸大坂両所之入墨有之由當時ハ中座之手先ニ而甚威勢有之住宅も善美を盡し娘ハ島田の妾二条新地よく茶屋を致し候とて朔日店出し之筈ニ而以下大同小異之略

一彦根も先比ハ家中二黨ニ分レ戰爭ニ茂可及之風聞ニ御座候処相按カ外無之中ニ相納り執権木俣清左衛門隠居逼塞前説同様略之庵原助右衛門同上略家老三浦春水取マヽ出与右衛門ト改名貫名茂代次家老ニ被任筑後と改名京詰ニ相成側用人宇津木六之丞家名斷絶揚り屋入武具馬具ハ欠所柏原與兵衛水谷門兵衛平石弥右衛門佐藤孫右衛門宮崎惣右衛門等愼被申付木俣重之進事家督後土佐と改名長野主膳儀窂屋おゐて打捨相成苗字帶刀取上武具馬具欠所是八月廿七日之事之

罪狀書

長野主膳

右之者姦計を以重役之者ニ取入政道取乱し國害を醸し人氣を動揺

（原註）主膳養子 健之丞
同人妻 萩江
京祇園 藝子之

爲致擧動言語道斷不屆至極重罪之者ニ候得共格別容赫（赦カ）を以苗名帶刀取上武具馬具闕所於牢中討捨申付者也

戊八月廿七日

右之通被申付候由申來候以上

○左之通當月廿六日被
仰出候由
土佐侯江
敕諚之寫
蠻夷渡來以後
皇國之人心不和生候処既去夏已來
帝都ニ於彼是不穩之儀暴說も有之薩州取愼（鎭カ）ニ而靜謐ニ候へ共萬一京師騷擾之有之候而ハ追々國乱之程難計彼異族胸算ニ可陥と深被惱

震《宸カ》襟候於松平土佐守も自關東兼而大坂御警衛も被申付有之候儀幸此
度通行之由被聞召候間非常臨時之別儀を以暫滯京有之御警衛御依頼
被安
叡慮御內沙汰候事
右土佐侯に御沙汰之支
右御沙汰ニ付土州臣下に被
仰付之由左之如し
朝廷御警衛之儀蒙
仰不肖且若年之身分恐入候得共當時勢重キ
敕諚之儀難有御請申上因而一統ニ猶又猥之儀無之樣可相心得候以上
土佐侯并重役衆ゟ一家中に被仰渡候由如左
此度重キ御書付拜見被

仰付候得共一統神妙ニ罷在若御他藩なと□談論等被乞望候共重
キ
御思召を以應接之役方被
仰付置候ニ付其段申斷若難默止筋有之候時ハ其支配頭ヘ相達可被請
差圖候以上

山内下總

桐間將監

戌
八月廿七日

○中山大納言忠能の詠と云
やひ鎌のとかまを持てきり拂ひ
しける葎の道ひらきせん

○大原左衛門督重德卿詠歌
東都にて
おのかはゝしけりはかへる武藏野に

とら大君の道をふらもや

講武所にて

日の本の弓矢の道の直なる哉

あせ國ぬ初了はさ取ならひき

閏八月朔日夜熱田驛止宿にて早朝發途にて佐屋驛迄御越之処満水ニ而川支ニ而佐屋驛ニ御一夜御滯留相成島津三郎殿ハ出立遅刻相成候処川支之旨申參り候付熱田驛ニ滯留ニ而三日出立佐屋街道通行有之由大原殿ハ翌二日御發途ニ而御乘船有之候処大船頭組頭山田彦助なる者船中にて御短册拜領奉願候処則被下候御短册

眞心のあまかゝまりし玉なをれ

なまもたましひよ取りくみ給へ

右御短册拜領仕候上申上候ハ私義ハ和哥之道ハ更ニ不奉存候得共植松庄左衞門と申（者脱カ）御座候が此者少々哥の道をまなひ□是ハ

則私叔父ょ當り候者ょそ此者ニ一見爲致候ハヽ定そ歎ひ申候半と
申上候処植松庄左衛門ハ未存命罷在候哉さぶハとそ又御小簞笥様
の物の中より御短冊を御出し有之御認有之是を庄左衛門い屆くゐ
しとそ御渡しなれ有候御たんざく

眞な丶ゆのなまかゝまりし玉なきい
忘きたまもそ常に見玉へ
御哥の上ょ二葉共玉を繪玉ひしハ如何成事ニ候哉

原註朱 落し咄

島津三郎殿一日滯留相成候朝家中之者英吉利人討捨候まゝなれハ刀
をぬぐひ清めんとせしょ如何せしみやはらへ拔放しがさく是ハ如何
成事と存候処へ注進の者來りそ佐屋らはらへましさ

京泉谷賢良法師嘶之内

としやきゝ身ハ武藏野みさふにとも
とゝめおりなむゑもとたもしひ

寸志忠與義臨時不思難
一旦如得辜終使國家安

聞道中原横虎狠慷慨誰先唱勤王
腰間頻動雙龍氣欲向東天吐彩光

大原殿

島津三郎

島津三郎儀昨日御當地出立仕候段御届申上置候然処神奈川宿手前ニ而異人共四人馬上ニ而行列内ニ乗込候ニ付手招ニ而丁寧精々相示候得とも不聞入無躰ニ乗入候ニ付無是非先供之内足輕岡《イ野》田新助と申者両人ニ切付候処直ニ異人共迯去候を右新助跡をとり追懸ケ罷越夫形ニ何方ニ相

越候哉行衞相知不申候猶精々探索爲尋得次第其節之時宜承屆候上早々
御屆可申上候得共先早々御屆可申上旨程ヶ谷驛より申付越候此段申上
候以上

文久二戌

八月廿三日

松平修理大夫家來

西　筑右衞門

○閏八月二日

島津三郎登り熱田宿問屋書上

宿割役人馬案内

舟生彌兵衞

御關打兼務

門松覺兵衞

深栖仁左衞門

上下拾七人

小松帶刀樣

山城屋

吉左衞門

九人

御馬宿

扇屋

傳藏

上下拾貳人
鎌田十郎太様
上下廿二人
町田民部様
上下十八人
關山紀様
上下十四人
谷川次郎兵衛様
同　十四人
中山次左衛門様
同　拾貳人
中山中左衛門様
奥勇之丞様
上下拾人
大久保市藏様
相良量右衛門様
同三人
岩山直左衛門様

山城屋
吉左衛門
京屋
徳兵衛
油屋
鍛次郎
柳屋
光右衛門
升屋
善左衛門
太田屋
喜平
中根屋
喜三郎
松し叙や
義三郎

同六人
町田佐次右衛門様
志岐小左衛門様
同九人
山本五右衛門様
城井左八郎様
同七人
原田才之丞様
素々原喜左衛門様
同六人
大山忠兵衛様
海江田武次様
同八人　御長持入
樺山休兵衛様
川上半左衛門様

御足軽衆

菱田屋
宮之助
錢屋
甚兵衛
松本屋
平吉
米屋
善八
濱田屋
善兵衛

同八人同
伊地知正治様
田代宗次郎様

御足輕衆

同六人
山田小平太様
岸良七之丞様

同六人
富山半次郎様
國分市十郎様

同六人
三雲藤一郎様
千田傳一郎様

同□人
矢むふ小吉様
西吉兵衛様

長門屋 長左衛門

石黒屋 喜助

米屋 茂兵衛

正木屋 庄右衛門

大黒屋 林右衛門

同　三人
種子田市之丞様

同　九人
木藤角太夫様
大野藤太郎様

同　九人
指宿雄次郎様
中神織右衛門様
川上助七様

同　九人
坂本愛之丞様
横山正太郎様
和田郷右衛門様

同　九人
川南仁左衛門様
大山彦之丞様
町時万之進様

米屋　曾兵衛

川田屋　嘉平二

牛田屋　七兵衛

大西屋　善四郎

山木屋　喜助

東西評林

同 九人
川崎強八様
田中八郎右衞門様
中島鍵彥様

同 十二人
奈ゝ原喜八郎様
松方助左衞門様
森岡善助様
山口金之進様

上下八人
朝稲宗益様
同 宗左衞門様
寺尾新藏様

同 六人
山本俊齋様
川畑玄心様

梅屋 芳太郎

竹中屋 源兵衞

鈴木屋 團兵衞

若松屋 彥七

白尾元貞様
同 三人
伊集院吉次様
觸番足輕衆
同 四人
東郷八郎様
同断
同 八人
四本助之丞様
御行列直付與力
竹下林兵衛様
右付御足輕衆
上下七人
有馬九左衛門様
觸番足輕衆
御小人目付衆

藤屋
治兵衛
万屋
清八
山本屋
庄助
角屋
惣助

同 八人
種子嶋庄八郎様
得能新左衛門様

御觸番足輕衆

同 十二人
日高六之右衛門様
大山格之助様
湯池休左衛門様
鈴木源五右衛門様
相良弥九郎様
仁禮新之助様

同 十二人
高崎一次様
平山龍助様
吉田清藏様

こさや
久兵衛

升屋
仙左衛門

海老屋
常助

川畑彦四郎様
房村猪之助様
志岐藤九郎様
同 十二人
江夏仲左衛門様
高崎左太郎様
大野四郎助様
宮内彦次様
伊地知源左衛門様
伊藤四郎左衛門様
上下十九人
高田十郎右衛門様
川上八郎左衛門様
平田杢右衛門様

藤屋

弥左衛門

新納源四郎様
有川勘助様
中村矢之助様
左近江嘉右衛門様
川上四郎治様

上下十四人

ヾ、鳥丸六左衛門様
、岡五助様
木藤彦四郎様
椎原助一郎様
竹内健藏様
伊藤宗三郎様
曾山甚七様

帯屋
鎌三郎

三升屋
半左衛門

高崎善次郎様
山田孫三郎様
曾山九兵衛様

上下十九人

新納源左衛門様
山田材助様
日高軍次郎様
岡村休左衛門様
大脇助九郎様
志和池新助様
大脇弥兵衛様
日高治左衛門様
大塚新之助様

甚《はちや》左衛門

森田仲之丞様
岩本矢一郎様
鈴木勇右衛門様
毛利喜平太様
東郷四郎兵衛様
依佐彦七様
川上彦二様
上原平左衛門様
井上直次郎様
黒田彦左衛門様
谷山彦右衛門様
竹内十郎太様
仁之助様

新種屋
長右衛門

上下十六人

小野強右衛門様
有馬万右衛門様
中郷直右衛門様
黒田了助様
田原健蔵様
マヽ
倒邊直右衛門様
本田源五郎様
礒永喜之助様
鎌田弥九郎様
種子田清八郎様
大田八郎様

同　十八人
岩切八兵衛様

丁子屋
善兵衛

田中源兵衛様
前田十郎様
仁禮喜右衛門様
溝口太兵衛様
堀清之丞様
八木新七様
永田清五郎様
四本十左衛門様
古川猶四郎様

上下

蘭丸半左衛門様
大迫喜右衛門様
飯ヲ禮齋藏様

岡田屋
淺七

野澤七三様
山口孝益様
内山伊右衛門様
志岐太郎次郎様
益満休之助様
四本源五左衛門様

上下〆六人

仁禮源之丞様
東塚源六様
大山十郎次様
中村市之助様
法本英助様
高嶋清右衛門様

新中屋
善五郎

玉菱屋
吉蔵

高嶋勒之助様
神宮司助左衛門様
法元雄藏様
上床源助様

同　十八人
門松一兵衛様
石原清右衛門様
奈良原長左衛門様
川崎彦二様
谷川治兵衛様
伊集院直四郎様
森本休五郎様
門松喜兵衛様

伊勢屋
久兵衛

迫田彦十郎様
兒玉彦八郎様
湯池沼右衛門様

上下十四人
篠崎八郎左衛門様
大河原彦六様
阿多甚助様
兒玉弥右衛門様
西郷藤左衛門様
大迫直心様
毛利覺之丞様
大山彦助様

上下十五人
平岡八郎太夫様

伊勢屋
傳左衛門

森藤七郎様
鈴木武五郎様
森宗之助様
石原直左衛門様
小濱十郎様
大脇源五左衛門様
上田金太郎様
山口仲五郎様
遠武正悦様
上下十三人
土師吉兵衛様
北郷七次郎様
築瀬源左衛門様

岩崎屋
七左衛門

伊集院宗之丞様
高城喜之助様
青山□右衛門様
有馬新之助様
川北新九郎様
奈良原源八様
市來六郎治様

上下六人

長野元五郎様
池田元祐様
北村純康様

同 四人

東條玄白様
河野元浮様

山田屋
伊 助

ひさや
甚 三 郎

同 人

同　五人
坂本六郎様
同　常次郎様
宮里孫八郎様
堀江童哉様
上下十二人
成尾清二様
柳田平兵衛様
岩田新平様

人馬掛付足輕衆

同　五人
戸澤半兵衛様
同　三人
浪田幸左衛門様
町田作左衛門様

田屋
俊二
大和屋
長治郎
山口屋
治兵衛
同人

同　八人
御數寄屋
新納軍悦樣
瀨口喜伯樣
佐多東悦樣
茶辨當持

同　六人
新納軍悦樣與力
平瀨仙澄樣
御休坊主衆
御茶辨當持衆

同十五人
御旗方
大迫吉左衛門樣
野村傳之進樣
御旗方與力
宮內市郎太樣

丹羽屋
丑　二
同　八
小出太兵衛
同　八

御小人目付

御足軽衆　　同　八

同　三人

大山郷兵衛様

上下十二人
御納戸方

窪田直八様

益山新助様

松方七郎左衛門様

小倉喜兵衛様

千[　]勇四郎様

中山中左衛門組

二　御小人

御研師　　近江屋　久右衛門

同七人
榎田作左衛門様
中山中左衛門組與力
大童喜平次様
一御駕籠衆
同八人
中山中左衛門様組與力
永田甚左衛門様
御挾箱持
同八人
中山中左衛門様組與力
水間十太郎様
満尾彦右衛門様
奈川善兵衛様
同八人
右組與力
倉内正九郎様
一御小人衆

藤屋
佐助
新藤屋
米藏
水野屋
秋平
松岡屋
銀藏

三 七人右組 御小人衆
四 七人同 御小人衆
六人同 又をの押衆
一 七人 御手道具衆
二 六人 右同断
二 七人 御駕籠之衆
三 七人 右同断
二 八人 御挾箱衆
御傘持衆

京松屋 市右衛門
同人
柳屋 小兵衛
淺野屋 福二
よしのや 久四郎
淺田屋 正太郎
松屋 傳左衛門
藤本屋 藤藏

九人
志岐小左衛門様支配與力
玉造直左衛門様
右支配
御口之者
壹番
九人
阿久根新左衛門様
御口之者
御馬三疋
二番
八人
御馬三疋
御口之者
八人
御口之者

小升屋
善左衛門

とはこや
與右衛門

大□屋
利吉

但馬屋
爲七

兵具方
山口彦五郎様組與力

山中覺助様　菱屋　藤助

山下清左衛門様

御足輕衆　新屋　七兵衛

八人

兒玉源五左衛門様

山口彦五郎様御組

御足輕衆　米屋　庄八

八人

川路正藏様

川路正之進様

御足輕衆

六人

柏木宗助様

山口彦五郎様組

御供使足輕衆

御先立足輕衆

十二人　一浮御足輕衆

十一人　二同斷

十人　一御手廻滿〔組カ〕之衆

十人　二

十人　三

十人　四

十人　五

松枝屋　平七

東屋　竹七

兼屋　健次郎

井筒屋　善三郎

小松屋

宮口屋　善三郎

松前屋　弥平二

としのや　瀬平

十人　六
八人　七
十人　八
十人　九
十人　十
三人　五代才助様
上床仲之丞様
合
惣宿數　□拾貳軒
此人數　九百貳拾壹人
本亭下宿

立花屋佐藏
林屋善藏
うをや仙六
うなきや善四郎
さゝ屋徳兵衛
□
木屋重右衛門

同　斷　　　　　　　　　　　　　山吹屋榮　助

油紙六拾四軒

六百六拾五人

惣〆千五百八拾六人

熱田宿問屋藤田勝四郎堀田兵次郎ゟ差越候

書付

一島津三郎樣御荷物之儀御下りゟハ長持八棹計も相増申候右長持大筒

と申事ニ御座候

一御長持臺ニ車付候分貳棹有之候

一三郎樣御儀京都十四五日御逼《マヽ》留之上御出立大坂ニ御越同所ニ而御休

息其上御國許ニ御歸國之由

一江戸表別段相替儀無之候

一三郎樣御下宿之儀も御下り之節より廿軒程も相増申候

右之通御座候聞取御知らセ申上候

閏八月二日

御達申上候事

今般島津三郎殿通行當宿御［　　　］入長棹夫々見受申候

小出太兵衛方

一長持四拾七棹

内

とんぼ　拾八棹

さし持　拾九棹

四天持　五　棹

△同　三　棹

○同　貳　棹

○印長持大キサ

右之通ニ御座候得共至而重目ニ御座候御金歟又ハ何歟武器歟与風聞候

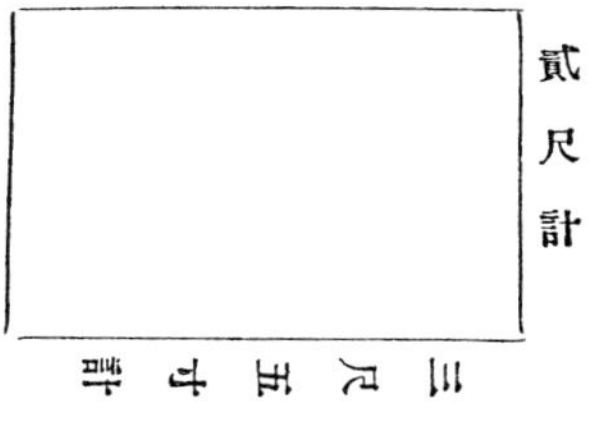

△印三棹長持大キサ

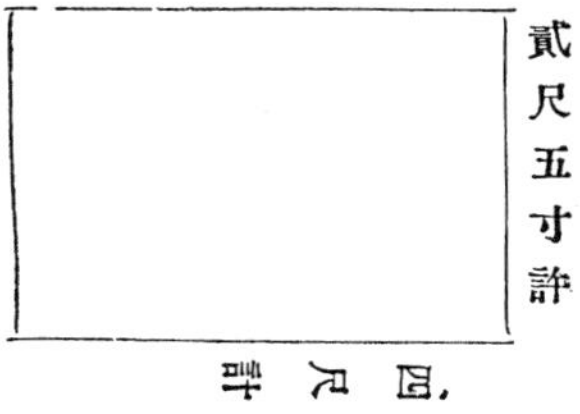

右之通三棹共至而重目ニ御座候乍去○印弐棹程之重目も無之候

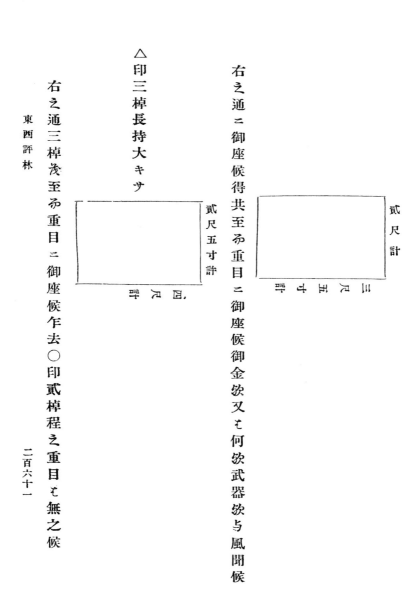

一長持　七棹　　森田八郎右衛門入
内
とんぼ　貳棹
さし持　三棹
四天持　貳棹
一御釣物　貳棹
内壹棹ハ至而御大切もの御下り之□一御出來之由重目拾六七
〆目
惣長持數
〆百廿七棹ぞあり
御下宿惣人數御名前之有之分
貳百廿九人
其外小者通日雇之者

〆千六百三拾四人

○閏八月五日

水戸様ゟ

上使　　　　　　　　　　　　　水野和泉守

右ハ

源烈殿御事爲

御國家御忠節御盡力卓越之段深

叡感ニ付而追贈從二位大納言候旨今般京都より被

仰進候との御儀ニ付今朝被

仰進之候

閏八月五日

同節

水戸中納言殿

上意之趣

源烈殿御事爲
國家忠節盡力卓越之段深
叡感ニ付追贈從二位大納言候旨付而も猶又被繼其遺志
皇國之御爲可被在丹誠之段京都ゟ被
仰進候旨
叡慮之趣厚被心得此上被盡誠忠候樣ニと御意ニ候

閏八月五日

板倉周防守
稲葉兵部少輔
有馬左兵衞佐

○閏八月御用番

町　酒井但馬守
品川備中守
公事方　根岸肥前守
御勝手　小栗豐後守
外國奉行　一色山城守
十八目付　大久保權右衛門
松平勘十郎
小普請組　松衛彈正支配　佐田王振
小普請組　大草主膳支配　川島素瑞

奥詰被　仰付其方一代本道に轉科可致候

右於御右筆部屋椽頰老中列座因幡守申渡之若年寄中侍座

龜井隱岐守醫師
池田多仲

被　召出醫學所預被　仰付一生之内御扶持方貳拾人扶持被下候

右於御右筆部屋椽頰列座同前同人申渡侍座同前

周防守殿御渡

大目付
に
御目付

溜詰
同格
高家
鴈之間詰
御奏者番
三番頭
芙蓉之間御役人

両御番組頭
御徒頭
小十人頭

明後九日魯西亜コンシーユル登
城御目見被　仰付候間直垂狩衣大紋布衣著用登　城候様可被達候
但無官之面々も不及　登城候

御同人御渡
大目付
御目付　に

魯西亜コンシユル登　城御目見被　仰付候節席々ニ不拘面々も染帷子半袴著用候様向々に可被達候

一御城中御番所通行筋茂染帷子半袴著用候様可被達候
閏八月八日

松平阿波守

以來折々登　城致し被心附候儀も可被申聞旨被
仰出候
右於御白書院黒鷲御杉戸際老中列座周防守申渡之
一源烈殿事今度贈官被
仰出候付爲御礼紀伊殿ゟ使者被差出候於躑躅之間謁同人

松平肥後守

今度京都守護職在京被
仰付候ニ付守護中御役知五万石被下場所之儀ハ追而可相達候且又在
京被
仰付候ニ付而も彼是入費ホも不少儀ニ付出格之
思召を以三万両拜借被　仰付候
右於奥相濟

御同人御渡
大目付ゟ
御目付
以來折々登
城いたし被心附候儀も可申聞御用筋相談可及旨被　仰出候
松平阿波守
右之通相達候旨可被得御意候 其カ
御同人御渡
大目付ゟ
御目付
覺
松平阿波守
以來折々登　城之節大廊下下之休息所ニ外出仕之者無之節も別格之

譯を以是迄振合ニ不拘部屋內ゝ休息致し不苦候
右之通相達候間可被得其意候事
和泉守殿御渡
大目付ゝ
御目付
覺
山內遠江守
大久保四郎左衛門
柴田七九郎
駿府加番以來被差止候間御小屋ホ御城代御定番ゝ引渡參府候樣達候
織田筑後守
松平兵部
牧野錠太

當秋駿府加番被
仰付候処以來被差止候ニ付
御免被成候
右之通相達候間可被得其意候事
閏八月九日
一今巳上刻御表ゟ
出御魯西亞コンシユル登　城
御目見相濟申候
一周防守殿今日ゟ當月御用番御勤被成候
閏八月十日
松平越前守
名代
間部安房守
同氏春嶽御役相勤候ニ付常盤橋御門內屋敷手狹ニ而差支候趣ニ付同

所酒井右京亮屋敷家作共爲添屋敷被下候
右於御白書院椽頬老中列座周防守申渡

松平和泉守
名代 小堀大膳

木挽町四丁目屋敷御用ニ付家作共可被差上候北八丁堀牧野讃岐守上ヶ地家作共被下候
右於同斷之間列座同前同人申渡之

酒井右京亮

常盤橋御門內屋敷御用ニ付家作共可被差上候木挽町四丁目松平和泉守屋敷家作共被下候
右於芙蓉之間列座同前同人申渡之

閏八月十三日

御使新見伊勢守

御干菓子一箱　　　　　　　　尾張大納言殿
同　同人
朝鮮飴壹箱　　　　　　　　尾張前中納言殿
右御朦氣爲御尋被遣之
同　十四日　　　　　　　　戸田越前守
内願之趣達
御聽御機嫌
思召今度山陵御締向御普請御用被
仰付候
右も於芙蓉之間列座同前同人申渡之
一水戸殿弟松平九郎麿儀出格之
思召を以再養子被取結不苦旨被

仰出候爲御禮水戸殿ゟ使者被差出候
於躑躅之間謁同人
和泉守殿御渡
大目付
御目付 江
評定所式日老中出席諸役人誓詞被
仰付候処向後ハ於評定所誓詞之儀ハ被差止毎月四日非番老人壹人正
四ッ時登
城於柳之間誓詞被
仰付候間大目付御目付出席可被致候三奉行ハ出席不及候
但御目見以下誓詞之儀ハ於柳之間椽頰被
仰付誓詞見届ハ只今迄之通可被心得候
一於新部屋誓詞被

仰付并老中若年寄宅ニおゐく誓詞之儀ハ是迄之通ニ而可有之候
右之趣向々ゟ可被達候事
閏八月
御同人御渡
大目付
御目付ゟ
軍艦之儀是迄於浦賀番所改來候処以來御差止ニ相成候間被得其意品川沖出入之節ハ外國懸り月番老中ゟ相屆候樣可被致候且又諸家ニ而軍艦有之面々も船名并船中据付銕砲之挺數并家々之帆印等委細相認兼而可被相屆置候尤浦賀番所ゟ右同樣可被屆候且向後軍艦製造之節ゟ右之通相心得若軍艦ニ而武器類積送り候節も出入共其時々老中ゟ相屆候樣可被致候
右之趣萬石以上以下之面々ゟ不洩樣可被相觸候

周防守殿御渡

大目付江

御目付

諸家并遠國奉行等旅行之砌持筒其外共挺數之儀只今迄伺之上爲持來候得共已來も不及伺銘々嗜次第行列内江差加又も荷造り等ニ而勝手次第相越不苦候尤實備專一ニ相心得供連之儀も可成丈減省可致候且又櫃杠之儀ハ持越挺數之儀も兼而相屆置通行筋關所々々江茂兼而相達增減等有之節ハ其都度尙又面々方相屆關所々々江茂同樣相達候樣可相心得候

閏八月

右之趣万石以上以下之面々江不洩樣可被相觸候

酒井若狭守

○閏八月

名代
田村主計

思召有之候付先達而之御加増壹万石被召上隱居被
仰付旨

若狹守養子
酒井修理大夫
名代
小倉新右衛門

養父若狹守事
思召有之候ニ付先達而之御加増壹万石被召上爲家督其方江拾萬三千
五百五拾石被下之
帝鑑之間席被
仰付旨

○閏八月十四日夜脇坂侯ゟ竹腰侯被召候由何御用共不相分旨定日才領之
者申聞候事
昨十三日ニ　御三家樣呼出之処　紀州樣ハ御中暑氣　水戸樣ハ御頭

痛氣ニ御家ハ御忌中故御家老呼出相成候と相見申候と云
○閏八月十五日
方今宇内之形勢致一變候ニ付外國之交通茂御差免ニ相成候ニ付而も
全國之御政事一改之上おゐてハ難相立筋ニ候処
御大禮等相續キ一新之機會を失ひ天下之人心居合兼終ニ時勢如是及
切迫候次第深く
御心痛被遊候ニ付上下擧而心力を盡し
御國威御更張被遊度
思召ニ候環（イニ光）海之
御國海軍を不被與候而も
御國力不相震候ニ付追々御施設可被成候へ共此儀も追而被
仰出ニ而可有之候右ニ付而も參（觀カ）勤之年割在府之日數御緩メ之儀追々
可被
仰出候因而も常々在國在邑致し領民之撫育も申迄も無之文を興し武

を振ひ《イテ》富強之術計厚相心懸銘々見込之趣も有之候ハヽ無伏臟申立候
心得ニ可被罷在旨被
仰出候

大御番頭
内田主殿頭

御軍艦奉行
右於
御前被　仰付候

○閏八月十七日出
一昨夕諸大名衆方御家老即刻御老中板倉周防守殿屋敷に可罷出旨
公邊ゟ御觸有之　御屋形にも申參り兵部少輔殿被罷出候処左之通被
仰出何を不遠軍と申噂ニ御座候鳥渡申上候
諸大名半年或ハ三四ヶ月出府其余國々可相守旨被　マヽ、脱アルカ
何を闘軍と被　仰出候由

○大納言様御軍〔事カ〕御脚氣御欝塞之御症御勝不被遊候ニ付御湯治之御願被遊度　思召ニ而此節
公邊御内談中ニ付御都合も難計候へ共御願被遊御否次第御暇被
仰出候へハ御供方之手順次第來月中ニ而　御發駕可被遊哉之御模様ニ付内々全爲心得申通辭候

○京來簡之内書抜　閏八月

一勅使大原左衛門督殿義六日京著島津和泉〔當時三郎ト改名〕も著之日旅裝之儘七日參殿
又候昨九日ニ而被　召寄私両日共本殿出勤仕候昨日ハ和泉事始而參
内今般之一賞として少將ニ推仕いたしたしらふぬ薩之勢ひニ御座候

一此節上京之諸侯方
　薩州　錦屋敷　凡貳万人計ト申
　　外ニ出張所　相國寺　本能寺　大雲院
　長州侯河原町屋敷其近邊町家買入

周防徳山　毛利侯大徳寺中黄梅院
土佐侯　妙心寺之寺中大通院
外ニ寺中六ヶ寺
右之外加州家老仙臺家老抔上京近日細川黒田等も上京之噂御座候町
々大潤ひよく商人悦居申候
一堂上家千種岩倉富小路之三家過□
御沙汰之上落飾被
仰付其譯ありと不承候得共
主上思召之旨有之武家方内通之趣相聞候との事之由久我内府公者此
間俄ニ右同様之噂ニ而外ニ不穏趣種々有之御官返上落飾之上相愼候
様若殿迄者遠慮可致旨どふら玄關障子立有之由承り候就夫内府公も
近々ニ當若御所御拜賀なと申觸候武井庄次郎久我家ニ而追々昇進近
習之内勘定方とるふ相勤候処今度半減之人數ニいゐし候様風聞いゐ

し候付案事居其噂致し候色々雲上ニ而様々風評御座候慥成事ハ聞取
らさく又々後便申上候以上
閏八月十日　村瀬竹一郎
猶々當地ニ而急症之一日お終り半日お終りなと流行いたし申候最早大
原殿薩之使も歸京みく定く一變可相成と町々噂のミニ御座候

或人之京一說

一下立賣御門內東山院樣御舊地と
有栖川宮御殿替ニ相成右之舊地之內三分通ハ
敏宮樣御殿ニ相成近々御普請ニ御取懸ら相成候由御座候
一有栖川御殿跡ニて
內裏廣く御建出し相成近々增御造營之由且此比中風聞有之候ハ
有栖川御殿其儘南ハ竹屋町邊東ハ寺町限り西ハ新町邊迄而
中內裏可相成哉而不相分北ハ二條殿前今出川通往來留ニ御座候二條

殿裏塔之段ニ今出川筋出來いたし當國寺前通りは突抜二本松町町家
取拂今出川通りひがしハ寺町ゟ西ハ新町邊までも六御門內ニ相成可
申樣之風聞寺町
禁裏御大工頭中川小膳屋敷とり被色々繪圖差出申候
相國寺
右も薩州松平修理大夫殿出張所
大德寺
右も長州松平大膳大夫殿出張所
建仁寺
右ハ加賀中納言殿出張所
但家老近々京著河原町屋敷に入
一松平安藝守殿松平美濃守殿近々京著之由寺町今出川邊とり北は塔之
段邊ニ屋敷地買求相成候由右之御方々何を被分家方御召連上京有之

由

○或人來簡之内

一井伊重丸當侯弟之由下り閏八月十五日稲葉驛泊十六日鳴海驛泊御代官ゟ所用聞有之候右モ此節御呼下名代として罷下候由風聞慥成人方きつと承り聞違ひも難計候得共弟名代と申義不審是ハ兄弟御呼下之処兄ハ病氣ニ而別ニ名代出し弟計ハ當人罷下候事歟なと早落□何分重丸といふ人両夜泊り之事ハ前顯之通無相違由ニ御座候

閏八月十七日

蠻夷渡來已後

皇國人心不和を生し當時不容易形勢ニ至り探被惱

宸襟ニ付

皇國之御爲ハ勿論

公武猶々　御榮久之樣去ル□月關東に
敕使被差出被
仰出候御旨趣有之候処猶
大樹家も今七月一日
叡旨御請被申上
御滿足ニ候然ル上ハ早速事實不行候而も無詮儀折角被
仰出於
關東も御請之筋難立會〔候間カ〕右
叡念弥以速ニ被行候樣被遊度
思召候就而ハ薩劦長州周旋
叡感之御事ニ候爲國家抽丹誠周旋之儀内々　御依賴被遊度　御沙汰ニ候
因而如此早々御内達可レ有之候事

今度以
敕使被　仰諭候ニ付一橋刑部卿再出後見越前前中將政事總裁職ホ之儀
大樹御請被申上両人日々登　城政事變革之儀盡力相勤候旨
敕使歸京之上言上有之候近代於幕府不都合之事共深恐懼之由自今専奉
遵
敕意心力誠精を盡し
公武御一和上下一致萬民安堵候様所置有之可奉安
震〔宸カ〕襟刑部卿始閣老周旋之旨言上候
舊來之流弊即今急速ニも新政難行次第茂有之旨猶被廻
叡慮候得共前條復正議
朝命を尊崇之志情奮起之趣ニ候間暫御猶豫所置方
御考察可被爲在候事
別紙之趣爲心得一同に爲見被下候旨中山大納言被申渡候則入見参候御相

旁〔マヽ〕御傳覽可被給者也

後八月十四日

右被示候因申入候

○後八月十八日議奏方ゟ諸家ヘ

叡慮之趣御達如左

累年蠻夷跋扈之旨趣被

聞食追々深以被惱

宸〔マヽ〕襟候於攘夷之

叡慮者先年初發以來到當時聊以不被爲相變候得共各可所存猶又無腹

臟被聞食度被尋下候事

別紙之通両役列座中山大納言被申渡候㝡所存有無一両日中ニ以一紙

可有言上候旨被申渡候事

○薩州侯ゟ以奉札爲知之大略曰
然ル三郎事此節下向ニ付去七日
近衞樣ヘ被致　參殿候処暫滯京候樣被致承知逼（逗カ）留之処同九日被致參
內候樣議奏衆御取傳を被蒙御內
敕同日
近衞樣關白樣ゟ御烏帽子幷御直垂御讓請參　內傳奏衆御庇ヘ御誘引
不容易被蒙　褒敕御劔一振中山大納言樣を以拜領左（仕カ）候て於御所御茶
御菓子ホ頂戴被致難有由爲知未曾有之珍事と覺申候
閏八月廿二日　新六百拜
○後八月九日薩州島津三郎殿參
內被免
御臺所御門ゟ進奏者ヘ昇
公卿間ヘ進御茶菓子幷御劔拜領献物黃金五枚其外種々有之由將又近衞

様ニ罷出直垂拜領著ニ而參內之由之

○閏八月廿一日朝四条河原橋上《カミ》ニ梟首

但躰ハ高瀬川四条上ル所ニ馬乗袴著差《マヽ》足黒縮緬單羽織三ツ葵紋付候

由面躰ニ切疵一ヶ所有

原注 高瀬川筋四條河原四條橋ヨリ一丁ホド北ニ首竹ニ括リ

本間精一郎

此者之罪伏《状カ》今更申迄も無之候得共《イニナシ》第一虚喝を以衆人を惑シ其上高貴之御方ニ致出入佞辨を以薩長土之三藩を様々致讒訴有志之間を離間シ姦謀を相工ミ或ハ非理之貨財を貪取其外不謂姦曲難盡筆上ニ此儘差置候而ハ無限禍害可生ニ付如斯令梟首者也

閏八月日

同閏八月廿三日朝加茂川筋松原通於河原尤東橋詰五間程上梟首付札如左相記青貝柄鎗之ほ首ニ結付太刀打其下ニ首結ひ立有之候処余り夥敷

見物人ニ而倒レ申候

宇郷玄蕃頭

此者島田同腹ニ而主家をして不義ニ令陥入實ニ其罪彼よりも重し
依之令加天誅者也
閏八月

一私去ル廿一日七ツ前三条橋ゟ相越候処下四條河原半町程上ル所角力場の如くニ而何事と立寄候得も五尺程之竹ニ首壹ツ突差し御座候右之者名前本間精一郎と申者よく何者之致し候事哉其段相分不申候死骸ハ松原高瀬上ル所ニ御座候由右之者始末書木札ニ御座候間相写取別紙ニ御覧可被下候

一去ル廿三日朝松原河原ニ亦首鎗ニ突さし候て御座候様近邊ゟ注進有之直様見物ニ参り候《マヽ》ハヽ相違無御座候其前夜大雨ニ而少々取込く鎗突差

候哉横ニ為おれ居見物之者夥數中々際ニ寄兼候処傘下駄抔御頭衆ニ預

本間精一郎肖像

ケ置篤と見請申候鎗長サ九尺程辰巳の方へさおれ首河原ニ有之始末書鎗の柄にかふ寄て木札ニて御座候篤と承り候ハヽとふり九條様河原御殿御長屋内ニ住居被致候諸大夫宇郷玄蕃頭と申者ニ御座候処同夜四ツ前ニ右河原御殿ニ何者哉四五人参り御門番起し御殿ゟ急用しヤト

申て明させ宇郷屋敷江向ケて直ニとや〳〵と表戸さゝき御殿ゟ御用之由申て内江這入寐間へとや〳〵と押込何の苦なしニ首取てなげしの鎗ニて突差て出て行門番抔も驚き居候内ニ何方へら持参候抔と風聞仕候右之者始末も別紙

一本間精一郎出生出羽庄内と欤噂仕候へ共分り兼當時住居ハ木屋町三条上ル所江木札打て浪人躰ニ而御座候

（原朱）一説

閏八月廿一日朝鴨川通三条橋少上り候河原ニ長七尺程の青竹ニ首差貫キ晒の口（首カ）天窓ゟ髭へ懸ケ大疵壹ケ所小疵一ケ所傍ニ建札別紙之通認有之此者年齢三十才余ニ而色白く髪多く羽織を以包ミ参り候躰ニ而大竹之許ニ捨有之一打と相見切口無滯晒候ハ未明ニ為候哉竹ニ血垂居廿日夕ゟ晴間もなく候処見物人も夥敷胴ハ高瀬河原松原上ル所ニ黒羽二重紋付襠著シ流れ居此者出羽庄内産ニ而

九条様領地西岡郷士某方ゟ致入家候処其後如何致シ候哉当時木屋町二

宇郷玄蕃肖像（雲上明覧ニ諸太夫 宇郷大舎人頭）

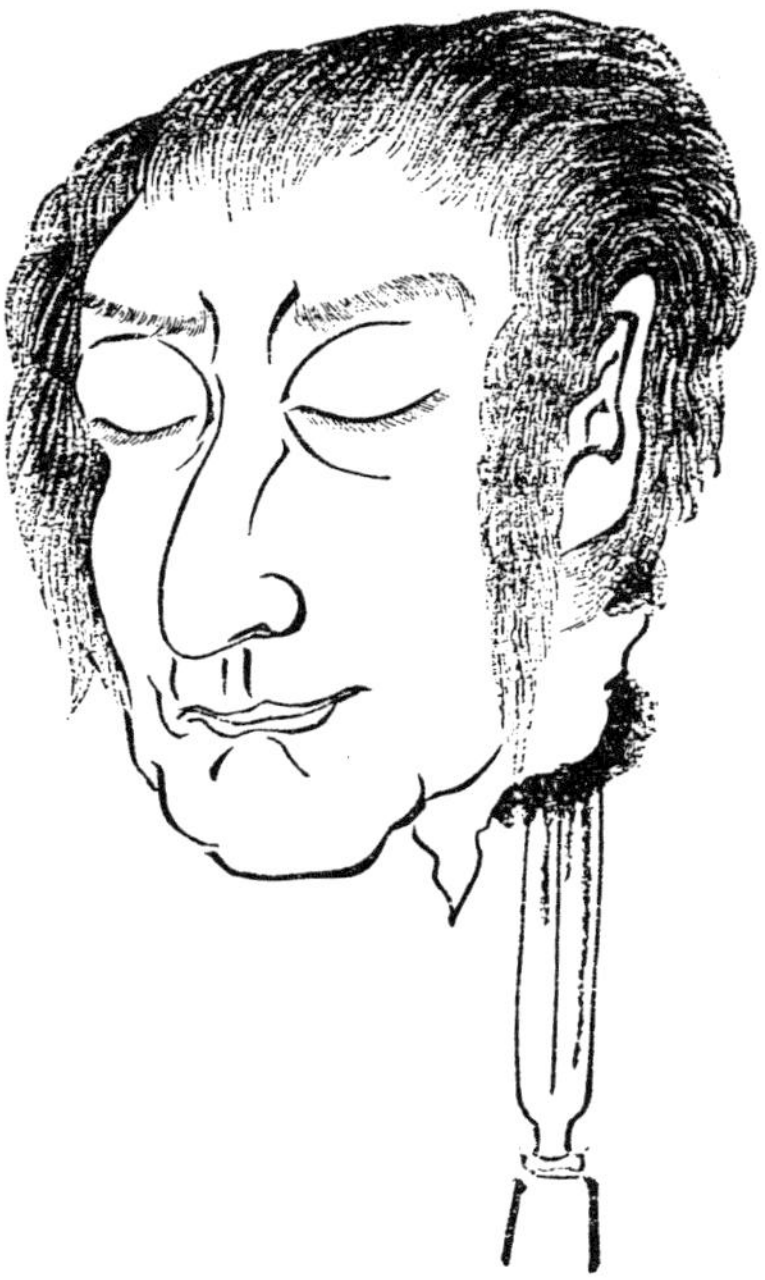

条下ル町ニ住居妻子無之妾壱人有之儒道ニハ相達候者ニ而鍼術仕ひと名乗諸向ゟ致出入

九条様ゟハ儒鍼両道指南ニ罷出御意引も給り居先達而島田切害候砌高貴之御方ゟ了簡書も差出平常暮し方至而奢居不害（審カ）相立候程ニ而全島田一列之者ニ而不宜人物之由相聞候事

一同廿三日朝同川原松原通り上り候所ニ壹丈程成鎗先ニ首指貫キ建有之頭ニ疵一ヶ所別紙之通成木札大鎗ニ括付有之右首　九条樣御家司宇郷玄蕃頭ニ有之候由廿二日朝無雨間候処戌半刻比同人住居罷在候瓦町通丸太町下ル所　九条樣御下屋敷御長屋御門ゟ相越御殿御用之旨申聞潜り明させ何者共不知五六人入宅おいても同樣急御用之旨申聞表口明させ内へ入同人寝所へ罷越何欤両三言相聞候と直首討取其所ニ懸有之候鎗をもつし持立退夫ゟ河原へ持參り候哉鴨川端二条邊ニ而見請候者有之候由相聞候事

閏八月廿二日　水野和泉守

御上洛御用掛

右於　御前被　仰付之

今度御改革被　仰出候付月切駕籠不相成病氣之節ゟ切棒ニ而登
城可致候
但登
城退出之節共歩行勝手次第不苦
閏八月廿二日
此度御改革ニ付御側衆申合伺濟之寫
一以來乘切登
城供壹騎ニ而も二騎ニ而も不苦
但別當草鞋相用候事
一白塗裏銀端反笠相用雨天之節ハ塗笠陣笠勝手次第家來白ニ無之笠ニ
候得ゟ何ニ而も不苦
一御城内召連候供立ゟ侍貳人草履取壹人物持壹人之事
但侍ハ太刀附小袴割羽織草り取法皮之事

一割羽織裏付袷ニ而も單ニ而も不苦
一乘切之節も供騎馬壹人ニ候ハヽ侍壹人押壹人下馬迄先に可遣候
但両掛召連之儀も銘々都合次第
一乘切之節下馬取締侍ニ而も別段召連差置不苦
一強雨之節并不快之節押而登
城之節駕籠ニ而罷出候得も供立左之通
徒士貳人　侍三人　鎗持壹人
草り取壹人　鎗持手代兼陸尺四人
長柄持壹人　両掛ニ而茂箱ニ而も勝手次第雨具持両三人
右之通召連候事
但御名代　上使之節も右供立ニ而相勤候事
一提灯之儀ハ箱挑灯弓張手丸之内勝手次第之事
以上

（原朱）
風説

於京都直ニ被　仰出候趣

帝都守護

薩摩
毛利
藝州
筑前
阿州
藤堂
細川
有馬

同警衛

右之旨承り候此節土州も京都ニ御引留之由御座候

一御老中様方此節豊前様板倉様水野様御出勤脇坂様先達而ゟ御引籠風聞ニ寂早御出勤有之間敷旨左候へハ御腹合御同意被遊兼候半

一一橋様乘切御登城御供騎馬七騎限御鐙一筋越前様御老中様方右ニ准
一御上洛ハ何を早立來春早々ニ可有之哉之趣尤御規式御入用丈之御供方船ニ而御廻し　公ニハ極御省略御大名交代旅行位之御事ニ而東海道御上京之由
一御旗本ハ遠國知行所ぶ追々江戸近クに村替ぶ被　仰出口〔土脱カ〕著ニ可被遊と之事
一竹腰様御自身と御先騎と二騎ニ而御箱一御先に御廻シ相成惣人數上下〆十八計御鐙なし御出仕尤割羽織襠高袴市谷も大躰割羽織襠高キ袴と相成申候只今之姿不失候ハヽ不殘御勤番ニ而可相成哉之由
一此度之被　仰出加州様御不承知と申風聞主意不相分
一芝居も中村座一ヶ所ニ可相成と之事
一此節惣騎馬ニ相成候ニ付陸尺貳万人程手明キ迷惑□
一御城内ハ軍中ニ而御政事被爲行候躰之趣ニ□

一當時之所武家方而巳之被　仰出ニ而市中□御沙汰も無之候得共氣合ニ構ひ無程草原多ニ可相成と銘々見込何となく行詰申候商事是先如何可成行哉

一五万石以下之御大名方ハ是迄在所ゟ江戸屋敷之方十分ニ致し有之在所も却而陣屋同樣之向々多分之由依而住居之普請家中之手當等中々行屆間敷旁極難澀之樣子ニ候

一昨廿七日上野
宮樣不時御登　城今度之御政事不宜旨言上相成越隱樣御引籠と申事

閏八月廿九日

東海道往還之儀ハ從來無滯相濟候得共近來外國交易爲御差許ニ相成神奈川最寄品川宿之間も自然外國人徘徊いたし諸大名交代之節々旅行之障ニ爲相成畢竟言語不通之外國人共故自ら不都合之事柄生し間敷も難

計
敕使之儀ハ彼方ニ而ハ惣而相辨居候事故出行差留方相屆候得共諸侯旅行之節ハ外國人通行差留候譯ニ而ハ難相成候間東海道平塚宿ゟ品川宿迄之往還附替　平塚宿八幡新田ゟ厚木通青山　御門東海道往還ニ取建候積ニ候右之通　
御所向ニ而ハ御差支無之事ニ存候得共　御聽候而ハ不都合之廉も有之候間右之　無急度内々傳奏衆ヘ可相達候尤道造ホ出來之上ハ改而可被
仰出候得共海道筋之儀ニ而ハ有之候間爲心得此段申進候以上

閏八月十九日　連名

京都
酒井雅樂頭殿

○閏八月廿一日
一水野和泉守宅おゐて亞墨・加《脱アルカ》人應接有之板倉周防守兵部少輔相越

○閏八月廿二日
板倉周防守ゟ貞阿弥を以
御城附江一紙ニ而御渡
一諸國銅出出《マヽ》銅従來大坂銅座江賣上來候処此度江戸并長崎表江銅座出張役所御取建相成候間其寂寄領分知行所銅山有之面々問堀ホいたし出銅多少ニ不抱同所江賣上尤直段之儀も是迄之振合ニ不抱銅之姓《性カ》合出銅高ニ應し相當之直増をもいたし御買上之積候間出進方相勵尚其筋掛之者江可被相談候江戸表も両古銅吹所長崎表ハ銅置所を銅座出張所と相「
」大坂表銅座之儀も是迄之通可被相心得候
尾張殿家老衆之内
壹　人
右昨夕周防守宅江相越候様達之事

閏八月廿三日

松平對馬守代
福田甲斐守代

日光御宮
御靈屋御修復御用被　仰付之

神保伯耆守
御勘定吟味役
立田錄助
水野和泉守
堀出雲守
大目付兼
外國奉行
岡部駿河守
御勘定奉行
酒井但馬守
小栗豐後守
川崎丹波守
御目付
神保伯耆守
大井十太郎

立田録助

御上洛御用懸り被　仰付之
一松平余六麿松平主殿頭急養子ニ成
一御改革ニ付奏者番被廢御役
御免之旨

寺社奉行本役と可被心得候
寺社奉行
牧野越中守
井上河内守
有馬左兵衛佐
閏八月廿四日
金五枚
時服貳　羽織被下
御目付
松平勘太郎

京大坂ゟ御暇ニ付被下之御序無之ニ付御目見不被　仰付候
青山大藏大輔
思召を以詰日
御免爲御機嫌伺折々登　城可被致候
右ハ昨夕豊後守申渡之
一松平對馬守ゟ豊前守申渡諸向ゟ相觸候
是迄諸屆ホ有之使者差出候節麻上下著用致來候処以來ハ平服ニ而罷
出可申候尤麻上下著用可致候前日呼出之節相達ニ而可有之候
御留守居次席
講武所奉行
石谷因幡守
西丸御留守居被　仰付旨
御小性組番頭
齋藤攝津守

外國奉行被　仰付旨

御小性組頭被　仰付旨
齋藤攝津守跡

町奉行被　仰付旨
黒川備中守跡

御勘定奉行被　仰付旨
小栗豊後守跡

時服　五

御役　御免柳之間席被

町奉行
黒川備中守　左中事

御勘定奉行
小栗豊後守　又市事

外國奉行
津田近江守　半三郎事

遠山美濃守

仰付是迄出精相勤候付被下之
時服　五　加納遠江守
御役　御免菊之間縁頬詰被
仰付是迄出精相勤候付被下之
(原朱)脇坂名代欤
堀田加賀守
差添 本多左京

中務大輔事病氣ニ付御役
御免願出達
御聽候処無據儀ニも
思召候得共先其儘心永ニ養生いたし候様被　仰出之

和蘭國ゟ文通

一筆啓上仕候大暑之砌ニ御座候得共先以其御地檀那様皆々御一同様御揃被遊珍重之御儀ニ奉存候次ニ私儀無事ニ御奉公相勤候間此段御安心可被下候然ハ五月十五日龍同《ロンドン》府出立仕十七日和蘭國都府スカラアヘンハカヘイ旅館ニ著尤都府二ヶ所有之由其一をアムストルタムと云當時國王此所ニ居住なる由著後廿日程ニして來る依て御使節方登城有其有様之美成事言語ニ述難し又市中軒毎ニ御國旗を差出し又旅館之門外ニ晝夜となく見物群集し幾万といふを不知且又此所之新聞紙ニアメリカニ而大合戰有之由又佛蘭西人ニ名羅尼と云者あり此人之嘶ニ一二年之内佛蘭西國ゟ朝鮮及我日本國を手ニ入れんと發せる由是よ依て右羅尼なる者國帝ニ種々此義宜ふれと号しいさめ候由右當人申聞候此義如何哉今以一向本説不相分歐羅巴此度廻り候内何を欲評判御座候得ハ早速江戸表に御知ふせ可申上候先ハ取急早々如此御座候以上

六月十三日認　什

檀那様

御一同様

ウラカキ　和蘭　旅館より

戊三月初旬ゟ浪華來會之浪士之内姓名相知候分

元中山殿御侍　田中河内介　同人悴　田中左馬助

筑前浪士　平野次郎國臣　出羽浪士　清川八郎弟　大谷雄藏

肥前浪士　中村主計

村上亘　武藏浪士三人　（イ積）安藤五郎事　木村怨之助

備中浪士　（イ飯）仮居會平　中澤杢助

松本小平太　京師浪士三人　青山頼母

久留米浪（士脱カ）・六人　（イ原）更随太　橋本壯藏

豊後浪士
〃廿壹人

酒井傳三郎
鶴田陶二
大祿文武達人
小河弥右衛門
田邊《イ中》陽一郎 廿七
堀 鎌之助 廿五
樋《イ堀》口勝之進《イ助》 廿五
井上金吾 四十
森 玉彥 十九
宇野關藏 三十五
高崎《イ野善》彥右衛門
天《イ矢》野勘三郎
勘四郎僕 長兵衛
清川八郎

荒木半三郎
古賀曾三
中垣儉太三郎
同 某
赤座《イ野》弥太郎 三十六
市《イ夏》川博《イ惇》三郎 廿七
安野藤《イ富》三《イ二》郎 四十七
高野杢《イ二直左》右衛門 三十七
田邊新也《イ作》 廿九
福平《イ原》武二《イ三》郎 四十二
廣瀨友之允 廿七
野澤勘四郎 三十九
同 光五郎 三十四

秋月浪士　海野右門

薩州浪士〆二十六人

家老　島津右衛門
同　川上式部
番頭　持小太郎
菊池源吾
伏見ニ而討死　田中鎌助
堀忠右衛門
伏見ニ而討死　芝山登太郎
同　永山歸山
同　山田十兵衛
同　川上彥助（イニ長居）
同　同金吾

水戸家住人　伊牟田尙平（イ平）（本名谷澄藤助）
同　喜入攝津
用人　關山糺
組頭　小松將監
伏見ニ而討死　有馬進吾（イ士）
榊角右衛門
橋口榮助
中山直助
伏見ニ而討死　松村源藏
竹下熊男
伏見ニ而討死　加口（イ屋）榮吉
同　吉田傳之丞

津田曲（イ山）三郎

伏見ニ而討死　松村乙五郎

肥後藩士〆七人　長岡監物

内田恰

阿蘇大宮司

蒲生次郎

小河弥右衛門僕　末吉　三十三

李右衛門召連　庄兵衛　廿五

勘三郎召連　喜助　三十七

尚（イ次）助　五十三

同　堤左衛門

佐々（イ順二郎）源藏

（イ小）中山一喜

轟武兵衛

松村清藏

小河庄右衛門僕　竹五郎　廿九

陽一郎僕　眞（イ直）三郎　廿八

友之允僕　儀（イ茂）三郎　三十二

同　勘平　廿九

同（同）　壽太郎（光太郎）　廿四

勘四郎僕　長兵衛　十八

都合八十三人

イニ薩州浪士（以下四行原朱）

伏見ニ而討死　住取八右衛門

山形典次郎

西山大和

魚住源三郎

筑前秋月藩
深野花門

○壬戌八月岡藩小山〔河カ〕弥右衛門ゟ被下候

勅書寫

此度

勅使關東ゟ差下候処

叡慮之件々尊奉相成猶此末有志之諸藩一同志を盡し夷狄掃攘

皇國之御威徳相輝

叡慮貫徹候樣有之度候岡藩おゐて小河弥右衛門一列當夏以來罷登島

津三郎勤王之忠志ニ隨從戮力〔本ノ〕以ゟ居候段被

聞食

叡慮・〔脱アルカ〕忠召候今度歸國之儀申出趣無據釋〔譯カ〕ニ付可仕〔任カ〕所芸〔本ノマヽ〕尚御用之節可抽

忠節候右ハ藩主忠誠之志有之儀且平常政事行屆士風敎〔意カ〕偷〔諭〕宜故と賴敷

叡慮
思召候事
後八月

○七月

禁廷より所司代松平伯耆守上京御拒一件

庭田柳原兩卿建白

今度松平伯耆守所司代役被命候由傳承仕候右ハ　朝議之程如何被爲候哉不伺候得共伯耆守ハ兼而正議を嫌候姦臣ニ有之哉ニ承知仕候方今不容易御時節右ホ之奸臣御膝元ニ在役仕候而ハ　公武之御爲ニ不宜且諸藩有志之者共ハ深恐歎仕候趣ニも候間何卒以　朝議伯耆守所司代役被相止更ニ正直之臣撰用候樣急速被　仰遣度尤此儀島津三郎ホも追々苦心仕候趣も傳承候故猶又

朝議御決定ニ相成御沙汰之次第

敕使以下ゟ被　仰下候得ハ此方共周旋之誠忠相顯可申候不顧恐懼及言上候事

七月十三日

庭田重胤

柳原光愛

七月十五日自議奏方大原左金吾卿ゟ書面

禁中御初盆御機嫌能被爲在候段御安意可有之候御旅中御安全珍重ニ存候然ハ所司代若狹守儀

御免候跡松平伯耆守被申付候由去日言上有之候然処右伯耆守儀ニ付而ハ先達而以來議論被

聞召候而も不穩之形勢と被

思召候間所司代之儀ハ他之正議之人ニ被申付ニ相成候ハヽ深以

御安心ニ可被爲　思食候書狀ォニ而ハ廉立候間幸貴卿御在府中ニ付此

段程能申入ニ相成候樣御內々
御沙汰被爲在候因ゟ早々申入候也
七月十五日
未刻認
野々宮定功
正三實愛
中山忠能
左衛門督殿
分段內々書面
禁中御初盆御機嫌能被爲在候御安意可有之候
貴卿弥御安全令賀候然ハ若州跡役松平伯耆守ヘ被申付候処彼者ハ奸佞
之臣之由ニゟ早く自
御所御差止可有之旨有志之徒頻ニ申立堂上ニも連名書取を以言上之人
も有之種々暴說難治騷敷事ニ候然ル上ㇵ自表筋可被　仰遣候得共一越
共朔日御請ハ有之候得共未申付も無之哉尤政事商量と申迄ニハ一向致

不申樣子越前家老本多内藏之助外三人申立引籠候由之風聞書有之候尤御覧と存候右之所江向傳奏ゟ達ニ相成候節万一自老中彼是押而申越候而ハ其儘ニハ難被遊置儀能幸貴卿御出府中之儀ニ付先別狀之趣被仰出候間猶島津三郎江得与密談有之自貴君老中江御懸合ニ相成可然義ニ付勘辨候間早々御懸合せ可給候自然御懸合有之候而も思召難相調候ハゝ御見合ニ而早々御申上可給候右伯州儀ハ大膳大夫ニも不同心との事憺ニ承り候閣老江大膳大夫ゟ申入候与弥相聞候何も右ハ委細三郎と打明御内談之上宜御取計可給候因而早々申入候也

七月十五日未刻過

追而申入候大膳大夫儀弥明十六日於學習院両役面談治定ニ候此口ハ追々子細も相分り六ケ敷儀も無之樣子ニ候間弥以御安心可給候若州九日免役と承り即日京都屋敷江引移候由自武家屆有之候但在京ニ而ハ種々說相起り衆人疑惑を生し困り入候者ニ候右ハ自關東被免候儀ニ候哉彼

聞及之儀も候ハヽ可示給候先件三郎にも宜御申述可給候乱筆書高免可給候也

忠能

左衛門督殿

内々　實愛

島津三郎に之書面

残暑難凌候処弥御壮栄珍重存候抑所司代跡役宮津伯𭅞被申付之由去ル七月十日言上有之処諸有志之徒不服之趣を以追々申上比日ニ而も激烈之議論切迫ニ相成甚難澀之扱務ニ而万一

輦下騒動有之候而も何共無心元存候故

勅使に先御内々被　仰談儀有之候間乍御煩勞左金吾御聞取候而何共御爲宜樣御勘考何も無腹臓左金吾に御内談有之様との御沙汰ニ付小子等も右宜ニ御勘考奉頼候因申入候也

七月十五日　　　實愛

忠能

島津三郎殿

同月十五日庭田柳原両卿ゟ

一昨日建白之一紙令披露候處被　聞召候幸勅使在府中ニ付早々左金吾
ゟ御沙汰之儀有之候此段可申入關白殿被命候

七月十五日　定功

源中納言殿

右衛門督殿

○閣老連署

一筆致啓達候然ハ是迄於關東御不都合之事共有之深以恐入次第ニ付
此度以
勅書被　仰出候通今後之儀も只管奉推戴勅意心力を盡し誠精を勵し

偏以
公武御一則上下一致万民致安堵候樣取計何卒奉安
叡慮度旨刑部卿初一同日夜心痛罷在候事ニ御座候未事業被絶〔施カ〕候義無
之故被安
宸襟兼候儀も可被爲在哉と奉存候幕府之新政不容易次第ニ而一日千
慮盡評義候故之事ニ候此段御差含有之樣致度候扨又春嶽登京之儀も
被　仰出候得共前書之通通〔マヽ〕政躰等ニ而見据相窺候上ならてハ上京仕
候而も可奉
叡慮樣も無之候ニ付此義ハ暫御猶豫之儀相願度候是迄深被爲悩
宸襟候義も畢竟久世大和守安藤對馬守不束之取扱有之候事故大樹公
ニ於深恐入思召候私共一同ニおゐても不堪恐懼之至奉存候事ニ御座
候自今以後偏以
公武御合體之儀誠精粉骨可仕候条猶

宸衷も被爲在候ハヽ以各方私共一同ニ被仰出度御至當之御義ニ何分ニ而遵奉可仕自然於時勢難被行義も御座候ハヽ乍恐自是御斷申上候義も可有御座候間此段其許ニも厚御含有之樣致度候恐々謹言

八月七日

板倉周防守

水野和泉守

松平豐前守

脇坂中務大輔

松平春嶽

德川刑部卿

両傳奏宛

議奏方御通達

今度以

敕使被　仰諭候ニ付一橋刑部卿再出越前前中將政事總裁職ニ之儀大

樹御請被申上両人日々登城政事變革之儀盡力相勤候旨
敕使歸京之上言上有之候近代幕府おゐて不都合之事共深恐懼之由自
今專奉遵
敕意心力精誠を盡し
公武御一和上下一致萬民安堵候樣所置有之可奉安
宸襟刑部卿初閣老周旋之旨言上候舊來之流弊即今急速ニハ新政難行
次第も有之猶被廻
叡慮候得共前條復正議
朝命を尊崇之志情奮起之趣ニ候間暫御猶豫御所置方
御考察可被爲在事
別紙之趣爲心得一同に拜見被下候旨中山大納言被申渡候則入見參
候御相務御傳覽可被給者也
後八月十四日
右被示候因申入候

堂上方連署建白

微臣之輩恐入存候へ共痛心之餘難默止不顧死罪存意之儘令言上候不分明之ヶ條も不申立候へ共衆口之所記を相考候ニ外夷事件ニ付ても先年來深く被爲盡
叡慮至當之御趣意被　仰出屢關東に
御沙汰被爲在候義ハ實ニ國家之安危ニ懸り御大事ニ候間三公初
朝議贊謀之人々同心合躰ニ而被補佐
叡慮飽迄御趣意御貫徹之樣可有周旋之処其節　內府公儀ハ議奏第一ニ而前殿下と被致同腹候事抑
朝廷御多難を釀し候濫觴ニ而其後追々關東達
敕之處置ニ相成終ニ大閤并三公落飾靑門幽默《黜カ》之《マ》、被內應右ホ之御變動を座《視カ》提傍觀被致一旦
叡慮之御趣意隱沒ニ成行候をも不被致盡力周旋ハ全不忠之所爲顯然

ニ候其以來關東益暴政と相成毫厘も
朝廷遵奉之道不相立事々被惱
叡慮候時節機密無大小千種少將岩倉中將等を以悉皆若狹守に被相通
朝廷之御失體ニ相成候を不顧偏ニ關東阿諛而已を主とせられ誰之心
底ニ而も專奸惡之巨魁と相唱衆口難遁哉ニ存候先達而內府公以下增祿
之沙汰有之候儀も全從來關東に內應之廉則增祿之多少ニ而周旋之輕
重自ら分明ニ有之候方今天下一新之大機會以前幽閉之大臣親王等夫
々被免追々
朝議御挽回ニ相成於關東も是迄暴政之弊懲〔懲カ〕悔可有之旣ニ若狹守當役
不任之趣を以所司代退役被命候上ハ右若狹守に通同被致候內府以下
阿黨之人々速ニ嚴重之　御沙汰ニ不相成候而も乍恐
朝慮も不被爲立哉ニ奉存候先年故前菅亞相武家內通之風聞を以　敕
勘被　仰出候儀も有之其節天下一同御嚴正之　朝憲を奉仰候於內府

ハ故前菅亞相ニ比較候得ハ一倍之奸惡十目之所視ニ候旁以此節速ニ
不被正　朝憲候ハヽハ天下不服之人心より如何躰ニ事論相開候哉も
難計左候而も自然
朝威之稜威ニも可相拘哉ニ付不顧恐懼令言上候何卒嚴重至當之
叡斷被爲在候樣伏奉願候事

戌八月

廣幡忠禮
正親町實德
庭田重胤
柳原光愛
豐岡隨資
長谷信篤
阿野公誠
滋野井實在

河鰭公述

三條實美

正親町公董

姉小路公知

壬生基修

八月廿五日土州家老山内下總致參

殿両卿立會被相渡

一蠻夷渡來以來　皇國之人心不和を生し候処去夏以來京都ニおゐても彼是不穩儀共暴說有之薩州取鎭之後先靜謐ニ候得共万一京師騷擾之儀有之候而も追々國乱之程難計彼夷族之的筭ニ可陷と深被惱　宸襟候松平土佐守おいてハ自關東兼而大坂御警衛も被仰付有之候儀幸此度通行之由被聞召候間非常臨時之別儀を以暫滯京有之御警衛御依賴

被安
叡慮度　御沙汰之事
一蠻夷渡來以後　皇國之人心不和を生し當時不容易
公武猶々御榮久之樣去ル五月關東に
敕使御差下被　仰出候御旨趣有之候処於大樹家今七月朔日　叡旨御
請被申上御滿足之御事候然上ハ早速事實行ハれ候ハてハ無詮儀折角
之被　仰出關東おゐて御請之筋難立候間右　叡念弥以速ニ被行候樣
被遊度　思召候就而ハ薩州長州專周旋
叡感之御事ニ候得共於土州も同樣爲
國家抽丹誠周旋之儀　御沙汰之事
右御書付於土州屋敷同廿七日家中に拜見被申主人ゟ如左
我等儀今般不存寄
朝廷御警衛之儀蒙　仰不肖且若年之身分恐入候得共當時勢重き　敕

謔之儀難有御請申上候因而一統猶又猥之儀無之様可心得候
奉行中ゟ達書
此度重キ御書付拜見被　仰付候得ハ一同神妙ニ罷在若御他藩ゟ面會
談論等彼是望候共重キ　思召を以應接役方被　仰付置候ニ付其段申
斷若難默止筋有之時ハ其支配頭ニ相達可被請差圖候以上

戊八月廿七日

山内下總
相〔桐〕馬〔間カ〕將監

○非藏人口ニ議奏衆ゟ被相招行向之処
飛鳥井殿野々宮殿立合ニ而
累年蠻夷跋扈之旨趣被　聞召深以被惱
宸襟候於攘夷之　叡慮も先年初發以來到當時聊以不被爲變候得共右
所存尚更無腹臓被
聞召度被　尋下候事

右一両日中御答書當番議奏ニ被附候様相達候事

閏八月十八日

右之趣攝家方宮様方ニ　御沙汰

○閏八月島津三郎一先歸國ニ付近衛家ニ申出候ニも國許ニ而用向有之且　公武御合躰之御模様速急件々御取究之場合ニも至り兼候故一先引取期を見合又々上京可仕旨申上候処左候ハヽ、修理大夫呼登其上引取候様ニと　御沙汰之処私陪臣之身分ニ而何之用意も無之此度修理太夫所持之品々を爲持登り候故私在京候而修理大夫を爲登候譯ニハ参り兼候旨を申上近々一先引取ニ相成候趣ニ御座候此申答方詰り能様ニ相見候得共右躰美々數國侯同様ニ善美を盡候得共貧士之衣服を父子引もり合候様なる事ニ相聞不堪抱腹又京都ニてハ嬰兒之乳ニもなれ候如く嘸御心細く思召候半も御笑止千萬なり三郎ハ江戸ニてハ何之業をいゐし來候事ニや一向不相分様ニ相見へ候

閏月二日來簡同七日來簡共摘要

先便吉田寅次郎大原殿ゟ之呈書御惠被下同人御仕置相成候事共是ニ而能分り奉万謝候抑同人米國ゟ忍ひ參り度と申初念なしくら必國恩を報し度との志ニハ無之事を好候儀と被存候如貴説累代扶助を請己ら手足をのへさる主人を打捨越〔誠〕忠を盡さんとの志ハ何とも合点不參候水府浪人も西國浪人も同様と奉存候是ハ區々さる小人等といさし候ても大原殿なとハ何と被心得候哉老人物語ニ有之通りの御困苦を御救ひ有之億兆土炭〔マヽ〕ニ陷り候蒼生を御救ひ三百年の太平を御なふき候
神祖之御高大之御仁德を打忘れ此清平世界を乱し被申度との志ハ
皇大神宮もいらふ照覽被爲在候哉覽誠ニ惡魔外道共何とも難申人々にく候元來
天子ハ國を治め候か御職分と申儀を打忘れ苛歛を貪り榮花を極ふれ度との譯と奉存候往昔唐帝被申候ハ此天下ハ郭子儀ゟ被讓候天下故其恩を忘却いゑし申間敷との事之由郭子儀の□□簒候儀ハいと易き事

ニ可有之処左様ニ不致候ハ盛徳之至

神祖も亦同し御事ニて候當時藤井懶齋も申旨有之と覺候

一敕書定格ニもつれ候儀一々御尤之御儀御座候老拙父子も其故疑ひ候処追而承り候ニも右ハ太政官ニ而出來之儀ニも無之議奏衆之ミつらふ執筆之由との事ニ付夫故歟と存候処伏原殿作文之由被仰下左も候半歟

一吉田寅次郎文之内ニ唐突と有之ハ元來塘ニ水の激し候事ニ而夫ゟ轉し行列なとニ突當り候事ニ用ひ申候韓退之供供《ママ》廻りへ賈島驢馬ニ乗り唐突いたし候付供廻り取押へ候処退之駕中ゟ見受何歟思案致し無心ニ而突當り候様子ニ付其段を尋候へとの事ニ付相尋候へハ鳥ハ宿も池中樹僧ハ敲く月下門と申句を吟し敲ら推ら決し難き旨申聞候処退之面白キ句之敲の方可然是ゟ我才の□ニ相成候へとて邸へ同道し候とも申儀覺申候又轉し候て差過たる事ニも用候様相成申候

一浪士密奏并藤堂上書御恵被下奉万謝候浪士密奏眞僞ハ何共難申候得共

伏原殿作之

敕書ハ是ニより候事と被存候西洋之事實ハ更ニ夢助の頑民と奉存候正朔を奉し候なとハ唐山之事ニ御座候夫もふ不相辨必竟ハ流賊ニ可相成輩大原殿なとをおざく一狂言やふらし可申との事と被存候此良策と稱し候而人なた所なふハ格別守人有之候へハ更ニ難被行事ニ而笑止千万ニ而候尤彼此見識異り候ハ勿論ニ候へ共鎖國之姿ニ而被差置候てハ微々たる小國と申智勇共次第劣りと相成外國ハ年々月々次第ニ土地を開拓いたし富國强兵無申計可相成候所謂寡ハ衆ニ敵せす弱ハ强ニ敵せばとハ定理中の定理よく候夫ニも不心附候ハ大愚ニ而候其輩の申事を被承届候堂上方了簡も是又大笑ニ御座候大原殿建白御寫出來候ハヽ借用奉希上候

○閏八月五日

松平容堂

京都ゟ被　仰達候趣も有之候付國家之爲心附候儀ハ無遠慮可申聞候と

御意ニ候

○同日

諸民八十歳以上之者ヘ銀錢之內可被下旨先達而相達候付其方支配所町在之分貳百九人□御仁惠之趣申渡錢三貫文宛差遣候旨被申越令承知候右貳百九人之者町名村名前年齡ォ相認帳面ニ仕立被差越候樣可被致候以上

閏八月五日　連名

秋山安房守殿

○今六日巳之刻波戸場より上陸芝赤羽根外國人旅飯ヘ著仕候

魯國

コンシユル
コシケウキテ
同人妻
船將壹人
士官拾貳人
伍卒拾五人
下女壹人

閏八月六日

島津三郎下向之節於生麥供方足輕岡野新助異國人を切付其儘何方に哉立去候ニ付外國人共ゟ再應苦情申立候趣御座候由ニ而嶋津登幷私被召呼委細被　仰渡候趣具ニ旅中に申遣候処猶又早速巨細手を付取調候得共何分今以行衛相知不申候併此者儀も孰れニ而召捕差出候心得ニ而御

座候間暫御猶豫被下置候樣奉願候右ニ付而ハ其餘携候者も可有之精々取調可差出且又右一件其場之次第相心得候者呼戻可差出旨被仰渡供頭山［　　］五郎と申者差出町奉行□〔所カ〕ニ而御尋有之候へ共先行列之内之義ニ付委敷樣子も分兼候付先供之内ニ而右次第相心得候者両三人可差出旨御達有之尤右之趣御精細度々御沙汰承知仕其都度々々其筋役人共江細々申含旅中江爲差遣候処前文申上候通精々取調候得共何分勇壯之若者共數百人有之行列江立障候ニ付新助右通取計候事ニ而仮令尋當候共可差出筋無之行列江無禮相働候者も打果候古來ゟ之國風仕來候旨申立其場之樣子混雜中故外ニ誰お於ケ樣と見留候者も素ゟ無之先供之内ゟ差出候迚も御請答難申上趣ニ而夫共被差出候事も我々一同被差出度抔申張罷在騷立も可仕哉之形勢御座候得も此上取調之致樣も無之候就而も於

公邊御程宜外夷共江被仰渡被下候而爲承知不仕萬一國元江軍艦差向候

様申出候とも外ニ致方も無之事ニ候間薩州ニ渡來仕候とも
皇國之御威光不相汚様精々穩ニ取扱應接致し候様可仕候間右之趣可然
被　仰諭被下度段可申上旨三郎申付越候此段申上候以上
松平修理大夫内
西　筑右衛門
閏八月廿五日

文久《壬戌》

東西評林

參

○阿波侯建白

不肖之私不省　御大政彼是申上候如きハ奉恐入候得共當今内外之御所置公平之一事御専務と奉存候得共　御近親ニも相列罷在候旁越俎之罪を不憚見込之次第申上候御忌諱ニ觸候儀為御座候ハヽ御取捨可被下候
抑十ヶ年來天下之形勢朝暮ニ變化し幕府ニおゐて御手ハ被為盡候得共外患之事ハ
神祖御貽謀之御素表〔衷カ〕ニ出候事ニ而日新窮理之外夷ニ對し膠柱制〔割〕舟の法ハ行ハれらさく然も交易通商御許容ハ素より　御深慮之上之御事と奉存候へ共是迄外夷之御取扱或ハ正大之道を失ひ彼か申立候願筋も何事ニよらす遁辭を以御拒再三申募候ニ至而無御據彼ら存意之儘ニ　御許容ニ相成日本海岸樞要之地ニ悉巨大之港を開き其猖獗之情態人々痛歎ニ堪も畢竟
幕府打續　御代捉〔（原註）掟カ　本ノマヽ〕く御政務御多端之御時會自然因循苟苴〔且〕之御策ニ出候

（原註）短く歟

事ニ奉存候此形勢ニ而推移り候得ハ終ニ腥羶之域趨り可申候既ニ江戸
表おゐて度々之狼藉有之猶又輦轂之下ニ浪士聚嘯いたし不容易之事
柄申立候処全く人心之不服より起り候儀ニ奉存候此度
勅使參向ニ付而処
勅諚之御旨趣ハ素ゟ難奉察候得共兼々外夷御取扱之儀ニ付而も
叡慮御不滿之御儀処被爲在候哉之風聞承知仕候ヘハ自然右等之事件被
仰進候御事ニ奉存候然ニおゐてハ公武之和不和
皇國之御安危至極御一大事ニ奉存候就而も此度之御一擧ハ深く
御思慮を被爲廻　廟堂之御評議勉めて公平穩安之道被爲盡候樣不肖之
私至願不過之奉存候抑太平之宿弊を除き十年來之御所置を一新し天下
を磐石之堅きニ措き無窮之
御國運を御保被遊候処全此機ニ御座候且又公武之御確執を生し應仁之
乱兆を釀し國勢瓦解して足利氏之覆轍を踏せられ候処此會ニ可有御座

候仰願くハ非常之人材を撰ハせ御國政を更張し萬人之眼を改覩し永く
宸襟を安し奉り次ニ
神祖之御遺訓を被爲繼候得も無此上御忠孝と奉存候
尾張殿紀伊殿水戸殿一橋殿尾張中納言殿も田安殿同様折々登　城被
仰付存思召之次第
御尋御親敷御相談被爲在度奉存候誠ニ御一門御一和ハ天下安全之御基ニ候得も松平春嶽御委任之御儀實ニ御的當と奉存候其外松平閑叟ハ賢明之聞へ有之時事ニ練達之者ニ候上當時隱居之身分ニ候へも關東に被
召寄御參謀之一助ニ御備可然奉存候藤堂和泉守伊達春山等老練之者ニ而國政茂彼是行屆候趣ニ候得ハ平素折々ハ登城被　仰付何角御尋被遊可然欤加賀薩摩仙臺ハ巨大之雄藩ニ而東西ニ鼎峙し全國之休戚ニも係り候國柄故別く御優待之御品被爲在可然奉存候其他五畿七道之大小名長州肥後肥前筑前安藝備前因州土佐久留米米澤柳川等を初孰れも時事

憂慮不致者ハ有之間敷候間得失利害　御尋ホ可被爲在御勸奬有之可然奉存候次ニ御旗本之面々有志之輩も數多可有之候付同樣之御所置有之候而可然奉存候水戸故中納言殿松平故薩摩守ハ不凡之才識有之候人故在世中建白いたし置候儀も候得ハ御斟酌被爲在度奉存候其餘故江川太郎左衛門故向山源太夫之類御旗本陪臣共識見有之候建言之内ニハ定而良策も有之候付御取捨有之度奉存候右之姿ニ全國忠義之氣を鼓舞し轡〔與〕端〔論カ〕御採用被遊猶又廟堂おゐて精々御參酌被爲在勉而公平的當之御道ニさへ歸候へハ上

天子ゟ下万人ニ至迄聊異論之生し候道理有之間敷候公私之二字ハ治乱之根元ニ而實ニ可愼可畏之至ニ御座候

北條時宗身ハ四位ニ乍在外ハ蒙古之强敵を挫き内ハ衆情を鎭靜仕候も全く所置公平ニ起り候事ニ而後世美談と仕候方今天下之御勢ひを以被思召込候亊ハ何事ニ而も可被爲遂候然ニ却而彼ら功名之下ニ被屈候ハ

無限口惜き御事ニ御座候間是等之事も
御感激被爲在一度御所置之道を被爲成候得も
皇國ハ勿論御威徳遠く海外ニ溢れ可申返々茂不肖之私身分を不顧頑愚
之妄説奉瀆
御聽候如きハ奉恐入候得共臣子之情杞人之憂ニ難堪猶又管見之次第左
ニ申上候
一世上之風説承り候処
皇妹降嫁之上も
公方樣御上洛被遊於京師只管御企望可被爲在哉之趣此事公武之御美事
ニしく君臣御壻（婿カ）舅之御間柄御尤之御事御座候釐降之儀も武家未曾有之
盛典ニ付
御當家之御榮花御面目被爲餘
御身幕廷之有司大小侯伯士庶ニ至迄歡欣抃舞之本懷何事不過之因之
降嫁之御上も速ニ

御上洛被遊御親敷
天顔を被爲拜御壻《婿カ》舅之御情
公武之御親しミを被爲厚且外夷開鎖之御意味も被
仰合益忠孝之御道を被爲盡候ハヽ實ニ
大猷院様御以來之御補闕ニ而群下ニおいても懇願ニ御座候乍去方今外
夷猖獗之兆を顯し海防多虞之時會ニ當り遠ニ久絶之盛典を被爲擧候ハ
ヽ第一度支之經費莫太《マヽ》ニ而御軍國之御豫備ニ關係可仕哉と奉存候其外
大小名之罷弊宿驛人馬之勞擾も如何計可有哉且外患孔熾之折柄ニ而御
軍艦其外器械之御製造御臺場之御建置大小砲之御鑄造御籏本御家人之
御營救ホ冣緊要御專務と奉存候然も仮令如何様被　思召込候共
御上洛之御事當時御行ひハ難相成若又强而御取行被遊候ハヽ前条申上
候御軍國之御豫備是ゟ爲ニ廢闕し貔貅八萬之士御手當行届兼可申候間
万一釁隙遠ニ開く時ハ一敗塗地之御形勢ニ御座候因之姑三四千日之御

延引被　仰出件之逐《々カ》一
御奏聞被爲在天下之爲ニ御私情を御奪ひ被成御武備充實天下小閑之時
を被爲待候樣奉存候
一京師に被爲進候御賄料御手薄と申上候儀ニも無御座候へ共方今之世柄
ニ而も如何可有之哉尤鎌倉以來天下之万機都而武家に被爲任垂拱無爲
ニ太平を被爲受
御所向御經營其外御用途臨時ニ被爲在候得共十箇年來諸物之價翔貴し
く下り不申若くハ舊來之御高ニ而ハ御缺乏之御事可被爲在哉と奉存候
何日舊日一倍之御增被爲進候樣相成候ハヽ御尤之道と奉存候
一王室御代々山陵ハ泉涌寺御收之外往古遷都之御事度々有之候故五畿内
所を不定或ハ湮沒しく其所を失ひ奉り候哉ニ相聞候得共別而御拜掃之
典故も不被行候樣ニ奉伺候是等之事ハ實ニ
皇國忠孝節義之氣を引起候御基ニも可有之候間何卒關東ゟ時々御修復

ホ之御世話而被爲在歳時御拜掃抔との御礼も行ハれ
祖宗在天之靈を被慰候ハヽ御祚運御長久之御基ニ可被爲在と奉存候
一方今海内之物騒其根底を勘定仕候処畢竟慷慨氣節を相唱候浪士共深く外夷之猖獗を憤歎致し一度彼ら釁隙を生し廟堂之御所置ニ令歸度存込候より起り候儀ニして其跡頗ル不勘辨ニ類し候得共兎角身命を拋ち御國體を致尊崇候情實ハ可悲可憐之至ニ御座候此度京都ニおゐて島津和泉を要訴いたし候事柄も全く右之同趣意と奉存候其外尊王誠忠と相唱候派も御座候趣ニ御座候得共全く御法度を犯し候儀故万々一御差許ハ難相成候乍去一々本科ニ被處候樣相成候得ても彼ハ素より必死之徒ニ御座候得ても必益固結いたし何等之事ニ及候而難計島原之賊ハ全く逆乱之兇徒ニ而僅々たる一城ニ御座候処關西之兵力を盡し板倉内膳正是ら爲ニ戰死し猶彼ら飢斃を待て纔ニ凱歌の功を奏し候況や專ら崇國を相唱候浪士斷然必死之心を極め候時ハ外國多患之

折柄如何様之形勢ニ相成可申哉と深く心痛仕候此儀頗る御寛典ニ従ハせられ其形迹を罪ニて《シカ》其情實を恕し諸國の浪士都而舊主ゟ穿鑿を遂不勘辨之次第能々申諭し悉く舊職祿を安堵せしめ候様被　仰付或ハ舊主ニおゐて尤難見免科条有之候共此度ニ限り一ト先ツ大赦之例格ニ傚候様被　仰付度國家之御爲と存込候者共ニ御座候へハ權道を以右之御所置ニ被仰付候方可然奉存候

一五外國ミニストル館品川御殿山御貸渡ニ相成此比外墻其餘も大凡出來之旨御座候右土地御貸渡相成候御趣意柄も不奉存候得共元來通商御差許相成候儀どよも全國人心折合ニ係り候位之事ニ候得も昔年

公方様御床机を被爲居候御場所外夷ゟ御貸渡と申事ニ相成候得も御威光之稜遲を悲しミ人情之憤歎を引起候ハ其筈之儀と奉存候且右之場所柄之儀も江戸肝要之土地ニ御座候上海道之咽喉ニ而北も御府内を掌ニ指し南ハ内海ニ臨く若干の御國力を　被爲費新規御建築ニ相成候御臺

場之儀も無用之贅物ニ相成万一右場所落成之上外夷と御取合之儀有之候得て海中戰艦と犄角し海陸両般之御患と相成可申候乍然一度御差許相成候事今更御斷之儀も不容易御事と奉存候得共人氣之騷擾自然是等之御事ゟ口實といたし候儀も可有之候間右場所御斷ニ相成外御場所御貸渡ニ相成候ハゝ可然奉存候本來各國通信いたし諸物交易いたし候義も各其國を富し候大主意ニ而各國平穩を求め候儀ニ候へハ目前一國人民不承伏全國之安危ニも係り可申儀を實意ニ談判仕候得て承引不仕儀も有之間敷歟尤我ら騷乱ハ彼ら大利ニ候得て必す支を左右ニ托し品々恐喝之所爲も可有之或ハ我の違行を咎め兵端を開き可申なと申懸候義も可有之候得共彼も又義名を好ミ候得て押返し事理分明ニ御諭し候得ハ纔ニ承引可仕候然上ハ御殿山猶又嚴重ニ御出來海道咽喉の鎮衛内海御臺場の牙城となし親藩之内ハ御預可然奉存候右御殿山替地之儀て本庄深川小名木川邊之内可然地勢を御見立ニ相成御貸渡被　仰付候へハ

自然人心も靜り

御威令御屆ニ相成候一端も可有之假令非常之異變御座候共内海御臺場夫々御用立可申隅田川も一ヶ所之御要害と相成候得ハ　御府内之御手都合宜御儀と奉存候若又事筋を分け御諭ニ相成候而も一度御許容之廉を以外夷承服不仕候ハヽ御殿山之儀も其儘是迄之通被

仰付置右近傍之地勢小高キ所ニ於て一二ヶ所御見立ニ相成ミニストル館ニ倍し候砦樣之物御取建ニ相成平生彼ら館中を見下し逐一其動止を點檢し万一變事御座候節ハ速ニ此所ゟ彼居館へ打入候形勢を御示しニ相成且二本榎邊ゟ御殿山に之通路を斷ち裏手田面之迂路一條を殘し置候へハ何となく平生彼ら驕抗之氣を壓し非常之御要害可然奉存候乍然此儀も何分御失費莫太可成候得も前文本所深川小名木川邊に地所御遷しの儀精々御諭可然被存候

一都下之人心何となく外夷を恐怖し御廟議も又隨而姑息因循ニ出彼ら兵

端を開くの虚喝常ニ貪婪を恣ニするの根本と相成客主の勢ひ所を換候も全御府内土地之形勢御改無之と《ゟカ》起り可申と奉存候然ハ全州之士氣を鼓舞し兵制御一變ありて外夷防禦之御實備被爲立候半ニハ御府内之御模樣替内海之御備向等御所置有之ニ可有御座候其仕法ハ左之二件ニ歸し可申歟と奉存候

一其一ハ兼而品川洲先ゟ起り六ヶ所御臺場御築建御座候ハヽ至極之御妙策ニ而深く奉威服候得共右御臺場計之儀ニ而外ニ御備之御品無之候得も形勢ハ雄壯ニ候得共畢竟御實備とハ相成申間敷候誠ニ數百万之人力を費し御取建被
仰付候得共其事全たゐ至らされハ有も無が如し猶此上四ヶ所の御臺場御築立ニ相成可然奉存候隨而内海之形勢品川ゟ芝邊迄之六ヶ所の御臺場ニ而御假成ニハ可有之候得共鐵砲洲佃島深川邊ニ至候而も一箇砲之御備も無之六ヶ所御臺場ニ彈丸も及不申候歟尚又中川刀根両所ニも御

臺場御築立被　仰付候得も内海之形勢其觀を改め所々掎角しく御實備相立候共可申候

其二ニハ右之通御臺場御築立ニ相成候得も内海之御防禦御堅固之御姿ニ候得共御府内立錐之地もなく人家稠密ニ有之候而も事變之砌都下一時騷擾ニ彼ゟ火攻其機を得可申と奉存候然も品川御殿山ゟ起り深川洲先《崎カ》ニ至る迄沿海の地武家町家を分ちも都而土地形勢ニ隨ひ幅四五町或も十四五町御取拂ニ相成或ハ茂林或ハ竹藪或ハ溝渠池沼深田之類となし或濱御殿御庭之左右等肝要之場所等ニハ猶又御臺場御建築ニ相成候得も自然警衞之人數も省け精鋭之士卒を以樞要之地を守り候樣相成平生之御冗費も大ニ減可申と奉存候隨而御取拂と相成候替地之儀ハ青山四谷大久保王子染井之邊ニおゐて諸大名之屋敷巨大之地有之候得も割合を以被　召上其地に夫々移住爲致候得も大概相納り可申米穀諸物之運漕等ハ孰れも其道相立可申候と奉存候然時ハ人心自然鎭靜致し廟堂

之御策略も右ニ准して御施行被成易く御武名早く海外ニ轟き可申此二ケ条ハ頗る巨大之御所置ニ而多分之御失費も可有之候得共萬一兵端を開た候時ハ御府内百萬之人民塗炭ニ陥り候而已ならば御失費も亦百倍可致若只今迄之形勢ニ被差置候得も外夷如何程之志願ゐとも御聞済ミ外御違《マヽ》ハ有之間敷と奉存候間返々も御所置之品被為在度奉存候

一惣躰都下之人口衆多ニ過元祿年間ニ比較致し候へハ十倍よも至り可申候畢竟太平之餘風ニ而只管繁華富實ニ誇り世界第一古今稀代なと申ならハし候ハ婦女子之識見ニ而實も海内罷弊物價騰踊の根本ニ御座候富實繁花ハ惡敷事ニれ《ハカ》無之候得共人情安逸ニ耽り易く諸州僻遠之士民一度江戸には出奉公居住をいたし候得も多分田舎之辛苦を厭ひ終ニ都下ニ居住を營ミ申候因之遊手之惰民日増ニ弥増徒ニ驕奢の風習長せしめ候右ニ付而も人家ハ追々稠密ニ建繼大火災も頻りニ相成貧民乞食ハ日増ニ多く相成實ニ方今も江戸混雜之極と奉存候前条申上候江戸地勢沿革

被仰付候ハヽ此御所置而御世話被爲在都而江戸出生ニ無之者ハ本國え原籍ニ令復歸且諸國領主地頭御代官ニも御達ニ相成以來人民生國を不離渡世いたし候様御取究被仰付度右之如く相成候上ハ日本國中自然遊手之惰民少く其外之物産共方今ニ倍し候作高ニ相成候ハ必然御座候如此都下人口相減物情鎭靜仕候上ハ風俗も質撲ニ歸し物價次第ニ引下可中火災も自然稀ニ相成　御膝元一大要土ニ化し可申奉存候

一右内海御臺場御建築　御府内土地之形勢御取改ぶ之儀被　仰付候得も差向候御實備相立候ニ似候得共兵制御變革御軍制御明〔マヽ〕備ニ相成不申時ハ矢張首尾相調候とハ難申御座候當今之風習其外不立して武伎綴〔マヽ〕練仕候様被　仰付候迄之事ニ候得も十ニ八九ハ憤發も仕間敷候然ハ舊來御制度之内ニ就キ古今斟酌し一万石ニ付而士分何人足輕何人軍馬何疋と割合を以定差出候様被　仰出此向も於
公邊合して一軍之御制度ニ被成置猶又御臺場兼々御預りニ相成候向ハ

矢張是迄之通被仰付置其土地〻大小形勢ニ准し相當之實備相立候樣御役々平生致見分人數操練之次第ホ時々御取調ニ相成右御規則御一定之上ハ操練軍術折々　上覽も被　仰付漸々斟酌して御世話被爲在候得ハ終ニハ孰も精明之極ニ至り御武備充實可仕と奉存候就而ハ此上關八州之御取締京都大坂堺伏見長崎新潟箱館蝦夷伊豆之島々ホニ至迄孰迚も從來之御制度御改革無之候而も是非共難被爲叶御時勢と奉存候乍去何分御膝元之御軍備より御手初不被爲在候而ハ只爲無實《有名カ》之事而已ニ相流レ可申と奉存候

一海軍之御所置ハ　皇國全州之安危當今冣大之御急務ニ御座候へハ其事誠ニ不容易候其一ニも御軍艦御製造之諸職人ニ乏敷其二ニも操練ニ熟し候者少く其三ニハ測量安針之備ニ長し候者不多其四ニも船之銕造銃砲之鑄造所乏しき而已ならす其技ニ長し候者多からす其五ニも製造之入費ニ不堪其六ニも假令軍艦御製造ニ相成候而も只今之御制度ニ而も

御經費御償之道ハ相立申間敷然ハ事之尤難たるのみしく俄ニ御所置難成候ハ海軍之御一事ニ御座候併此儀も精々御手を被爲盡度就而も左之姿ニ而被　仰付候ハヽ海軍御所置之御速行ニも相成可申哉

第一

公邊御軍艦之儀も當時御有合之上ニ猶又通信之各國ニ被　仰付差向候処十五六艘も蒸氣船帆前船取交製造被　仰付出來之上も直々其國人を御雇ひ御旗本御家人等船ニ應し諸乘組被　仰付船上諸般之藝術傳習仕候へハ四五月ニハ假成相熟し可申と奉存候乍然唯今内海ニ碇泊して非常御備而已被差置候而も船上諸般之御經費御償之道有之間敷候へハ御法令御嚴密ニ被爲定或も御廻米ニ運送し或は武家町家を不分諸國運漕之諸物尋常之兌錢ニ滅し御積廻しニ相成候へハ自然皇國之形勢海上之難易ニ熟練も可仕時としてハ北邊魯西亞境地を巡察し或は朝鮮之地廣東香港之邊呂宋瓜哇等之諸島を探索し我ゟ交易之道を開た候へハ御償

之道も相立御富國之御一端ニも相成可申と奉存候

第二

全國之海軍相整海邊之御警衛速ニ相立可申儀五畿七道之地一道毎ニ造船場鑄砲局何ヶ所と御定被　仰付船工を初諸職之者万端熟達いたし候迄外國巧藝之者を御召寄ニ相成銃砲軍艦之製造方船上之諸術礮臺建築之法ニ至迄傳習爲仕製造軍艦銃砲各國と分付いたし候へハ全國之御守備相立海軍も漸々相備可申と奉存候就而も造船場鑄砲局之儀五畿ニ而ハ大坂兵庫堺之邊ニ御取立東海道ハ江戸駿府尾張北陸道ハ越前加賀越後東山南海之二道も紀伊井領國阿波其他山陰山陽西海之諸道も夫々大藩之向ニおいて一道毎ニ一二ヶ所ツヽ御取建ニ相成猶國々貧富分限ニ應し或ハ外國調上ヶ或も自國ニおゐて製造致し候共大凡之御取極ニおいてハ右等之姿ニ而御定・〔可脱カ〕被　仰付奉存候

右申上候件々極而迂腐之常談ニ御座候上事實ハ専ら道途之風說を取用

ひ建白仕候儀ニ御座候得ハ傳承之謬誤も定而多く可有御座候乍併最初

申上候通

御近親ニ而相列罷在候身分ニ御座候間自國之政事も行屆兼候不肖を不

顧奉申上候芹曝之微衷

御憐察被成下長舌之罪

御許容被下候ハヽ難有奉存候以上

戊五月　　　　　　　　　　　松平阿波守

○長州遊歴者ゟ聞取

一長州よくハ先年ゟ追々諸國に遊歴之趣ニ而國々巡行致し候由今般地方貳百五拾石取之儒者茱蓬島之妓院ニ長門屋新兵衛（元祖長州生國之者）案内ニ而町醫加藤秀之進方に參り若干之土産物持參扨御城下之体相拜見仕候處町々殷富ニ而京都之持込ニ相見結構至極之御事御家中樣方ハ御嚴重成事ハ東都御持込之樣ニも候へ共如何敷申口なども其中ニ御柔

弱之体も御見受申上田宮公ハ此節如何被相成候哉御手引ニ而御目通致度旨申候へ共斯々之仕合ニ而紹介難致段斷候へハ責而御顔成共見度被申候処種々申斷手引も不致由御同人も賢明之聞天下ニ高《マヽ》クアタラ名臣可惜と歎息頻之由竹公ハ申せぬ事多く品ニ寄候ハヽ従　京師ゟ御沙汰品ホなくバよくガと御案シ申上候旨扨敕使東行之一件も斯々主人并薩刕公ホ入京之譯も斯々と底意なく申語ふひ先達而伏見ニ而薩刕ノ士爭闘之始末承合候処諸國之者ハ詳ニハ不存候得共薩州よりハ戰士計貳千程も引連其余文筆方ホ之諸役人多數ニ而大坂に到著京師へハ人數程能召連上り一左右次第呼ニ可遣旨申諭多分大坂ニ殘シ置候由然るニ薩州之風俗士人皆愚直ニ而更ニ融通も不付眞一筋之生質ニ付和泉入京後暫日數も相立候処一左右なきハ若州公ニ被説伏和泉心替りと見へさりさふハ強勇之者相撰押而上京致し若州侯討取首よして和泉に渡候ハヽ又正道に可立戻と之申

合ニ而登候処風聞京師へ滿々若州侯籠之用意和泉方ハ差留之使差下候得共彼恐直中々口上ニ而ハ不聞入無余義劍戟沙汰ニ及ひ候旨其内頭立候者深手負倒居候者差留之使へ向ひ全躰此御留被成候も敕諚ニ而候哉又も和泉殿了簡ニ候哉と相尋候付
敕命之旨申答へ候へハ夫ハ奉恐入さる事ニ此地方
禁裏之御座所ハ何方ニ當り候哉と片息ニ而尋候故此方ニ候旨指シ教候処起しく被下と相頼右方ニ向ひ三度禮拝シ過チを奉謝扠和泉殿旅宿ハ何方哉と相尋教ニ任セ是又三度礼拝而后最早思ひ置事なし急々首を討取玉ハれと頼候旨之説大概慥ニ候由

一主人初在京ニ付而も入用多國元疲弊及候故出納之有司方早々歸國之儀致希望候へ共兎角御用向不捗取歸國遲り一同迷惑之旨

一全躰御入京ハ如何樣成譯ニ候哉と尋候へハ外ニ而ハなく兎角東西御説不折合

禁裏御孤立ニ而安久両侯無勿躰被及處置候哉之風聞有之故薩肥ホ牒し合及上京候旨併只今ニ而も最早東西御和中ニも可被爲趣候故近々歸國ニ成可申哉何とか太平を祈入事候旨

一當御家中御儒者之由奥田様とやらふ西國御遊歷之由右ハ薩肥ハ申迄もなく御入込難相成國々澤山可有之旨

一面々遊歷ニ國々壹人ニ而両三國ツヽ引受候儀ニ候へ共模様次第持場之國々外にも相越候義ハ勝手次第之由國之模様を書候帳面様の物大概一國が半紙ニ而三帖恰好之分見請候旨六七人も同志さへ候ハヽ寫取可申ニ殘念と秀之進語り候へハ拙者ハ京都何之小路とやらふニ旅宿仕居候間御入用ニ候ハヽ御貸セ可申旨申聞候由

一五夜計參り候由大躰五ツ半時ニハ必旅宿に歸候旨私ハ永ク夜話ハ不得手と申候へ共歸候後も一日の事を頭書ニ書置候ものを綴り候由談話中ニ而も一々口書致し候由

一玉屋町之内ニ止宿いたし居候由
一明日ハ出立可仕迚餞別之品澤山持參御内方ゟ迚別段ニ婦人ニ向候品差贈候由尤參り候度持參物いたし候付或ハ薄茶又ハ酒宴なも催シ及饗應候旨
一長州家中ゟ之出高四拾五万石計之由頭上ハ一万九千石ニ而万石以上八人㝡下之士四拾石取之由
一ケールル之儀尋候処不辨利之器ニ而和銃一挺之処四十丁あたりてハ益ニ不立國元も五十丁計買上候処右不益之廉相分候付此節ハ百姓漁師抔なとへ借渡調練爲致候由右ハ庄屋名主大將ニ而調練之日前以申出候へハ其日ハ手當差遣候旨
一長州ハ三方海ニ而一方山之國故漁師多候旨
一長州防州相應困窮ト云

〇（原朱）京便

一長州父子七月中學聚所ニ而傳奏議奏度々御參聚有之

一長州若殿御用向ニ而八月二日關東ヘ御出府大膳大夫殿ニハ御滯留

一土州侯ニも七月十三日比ゟ攝州住吉御固場所陣屋ヘ御滯留此比登京有之

一仙臺万石以上大祿三人當月十二三日比京都屋敷ヘ著

一内裡東南ヘ御廣メ之儀も此方ゟ强而　御沙汰ニ相成候儀も無之候

一准后樣御事此節ハ御下り　御殿ゟ御下りニ而御籠居同樣之由右　御殿御修復ニ候事

一御上洛之事此節何等京地ニ而ハ取沙汰無之

一京町奉行是迄東西兩頭之処三頭ニ成候趣ニ而近々永井上京之由

一禁裡附武家夏以來三人ニ成居候処瀧川播摩〔マヽ〕守當月上旬町奉行御役宅ヘ引越

一關東ゟ年頭　敕使參向之儀閏八月十六日發京之由

八月

閏八月五日

松平土佐守養父隱居

松平容堂

右於

御座間

御目見被　仰付

御意有之

神奈川奉行

阿部越前守

外國奉行被　仰付

一多紀養春院法印両度參上小十八組御藥取初候へ共尤　召上も無之由

湯治を願ふ者醫師容躰書を調さすると申場欤

一四日ニ病氣を押而と申御屆ニ而御庭口ゟ彼本村脇の常々〆切之車力御門与欤申ゟ出御御棺拜として御出

一角筈樣六日ニ御葬式會津侯御見送尤同勢過而半時斗間有之角筈を御出られけ

一御側金之內御內々六百金赤侯ゟ御廻御進退之儀　幕府之御模樣をツクラシムと

〇（原朱）京八月十五日著

一宮津侯家來先登　上京一昨日所司代御役宅ゟ引移申候大將ハ專ら御役御辭退と欤申風聞ニ候得共先登ハ前顯之次第之

一今廿九日九時若州京地出立江戸表ゟ被罷下申候

一事柄ハ不分候得共若州之出立治定承り近衞殿諸大夫近藤と申仁右前

日出立木曾路通行道中十日振之積若州著迄ニ在府大原殿迄之使之由

堀川殿
今出川大納言殿
久我殿

差扣被　仰付

一姫路今ニ參　内ゟ無之巡見躰之儀も無之候

一長州ハ上京後參　内ハ無之候得共折々　御所之御門前ニ學問所有之此所ニ而傳奏議奏右之太守被相寄申候

〇江戸（原朱）

九月六日今日

水戸様不時御登　城

中略

和泉守ゟ金阿弥を以口達書取之寫

成瀨隼人正に申談候義有之候間只今御城に罷出候樣早々可申遣候事

九月六日

成瀨隼人正

右和泉守因差圖罷出候処山吹之間おゐて春嶽并老中一同罷出御用談有之

但御用品も相分り不申候

以下略ス

翻譯和解

○亞魯英佛四州盟約書

我各國往年來日本國ヲ屬タラシメント謀ルト雖共彼國我起〔紀カ〕元ノ始ヨリ諸州ニ獨立シテ他ヲ交ヘス加之勇壯ニシテ一世界中ノ其右ニ出ルノ國無トメ測底〔マヽ〕恐怖ノ心無ニ非ス此頃年墨國其魁書ヲ以テ和親ヲ求メ驕威ヲ以テ互市ヲ謀ルニ驚易シテ許諾ス是ヲ以テ察スルハ柔弱ハ清國ニ劣

ルヿ遥ナリ實ニ累年遅期セシコトヲ悔ム智辨不足モ又嬰兒ヲ欺ニ類ス因テ此謀成就近ニ有リ彼八港ニ商館開トキハ國則以國民ヲ近傍セシメンヿ甚カルベシ故推歩モ數里ヲ以テ限ルヘシ八港外漂流ノ滯船ヲ可免然日本費用ヲ不惜以誓約セハ滯泊數日ニ及雖愚昧ノ國吏委諾ス其レ妨ナカルヘシ是我大幸トスル處也商館在滯近界ノ商家ニ利外ニ利深ヲ得サシメ耕民往々我租税ノ薄キヲ　愚民ニハ我教法ヲ論スヘシ加之風波ニ託シ漂流ト稱シ數艘ヲ八港ニ集湊シテ臨機應變兵庫ヨリ發起シテ京師ニ入ラハ王都ヲ握ンヿ掌ヲ指スカ如シ同時ニ神奈川ヨリ蜂起シテ江都ヲ襲ハヽ東西ニ咸走シテ和兵手ヲ束ルニ至ル于時下田浦賀ノ兵東西遊軍トシ新潟商館ハ北越ノ運送ヲ可妨箱立《マヽ》モ是ニ同シ奥羽両國ノ糧ヲ動スヿ勿ラシムヘシ而如是必勝日ヲ以テ數ヘシ倩此起元ヲ復考スルニ墨國ノ智ト云ヘシ始書ヲ以テ和シ次ニ互ニ市ヲ乞ニ信義ヲ以テ謀リ是ヲ許容スルトキハ募ルニ弱ヲ以テ功勞ヲ最第一トスヘシ書翰贈答ト遅

速ノ強弱ヲ知ルヿ神妙也返翰拙文ヲ以テ言行差ヒ下愚ナルヲ察スルニ足リ速ニ事成就ノ上ハ入貢米穀ヲ第一トセン下田ヨリ東ハ亞國領スヘシ以西ハ兵庫ヲ限リ魯國領スヘシ兵庫以西ハ佛英両國ノ領タルベシ前条違乱不可有盟約如件

此書當夏比神奈川ニおゐく夷ミニストル密書札之然処薩州浪士四五人申合ミニストル寵愛之賣婦ニ申含奪取らセ合圖致し海船迄爲持出不移時刻四方ゟ火を付旅館を焼拂賣婦を薩刕へ連歸りし由

戌八月

○閏八月四日

今度

御上洛可被遊旨被　仰出候ニ付私儀先規之通御供仕度奉存候依之別紙相添奉願候以上

閏八月

例書

元和五未年七月

台徳院様　御上洛ニ付

先達而上京膳所迄御出迎

御目見仕夫ゟ

御入洛御供仕候

桑名迄　御出迎仕候

一同九亥年六月

台徳院様

御上洛ニ付

藤堂和泉守

元祖　和泉守

二代目　大學頭

和　泉　守

大　學　頭

上京和泉膳所迄

御目見仕夫ゟ

御上洛御供仕此節ゟ和泉守眼氣追而眼氣快方ニ付大坂ゟ罷越申候

大猷院様

御上洛其節も

和　泉　守

眼氣ニ付御出迎ハ不仕

御參　内之儀被　仰出候ニ付大坂ゟ夜通しニ　上京仕候

一寛永三寅年六月

台徳院様　御上洛ニ付

和　泉　守

上京一所ニ膳所迄御出迎
御目見夫ゟ
御入洛御供仕候

大學頭

同年八月
大猷院様　御上洛ニ付
一所ニ膳所迄御出迎
御目見仕夫ゟ　御入洛御供仕候

和泉守
大學頭

一同十一戌年七月
大猷院様　御上洛

大學頭

膳所迄御出迎
御目見仕夫ゟ
御入洛御供仕候
右之通ニ御座候事

○

一嶋津三郎實母おいろ《ゆらカ》故之薩州侯妾江戸大工娘奸物よく追々三郎を相續爲致度相工ミ候由尤不相成右血縁を引付候付三郎儀爲奸物兼々獨立之志有之候処浪人共其儀も不存國躰を立直し候程之國ハ薩州ニ付相越候処時を得表ニ
公武榮久を表し上京之処
天廷ニも五ヶ年以前ゟ東武之御所置
逆鱗之所ゟ格別之忠臣と
思召今般之次第ニ及候旨毛利侯ハ是迄

幕府ゟ御不信ハ不相見候得共往年之例ニ准し五奉行之御望ハ有之趣
　何分
叡慮ハ右両侯より内實ハ出候由ニ付　公邊おゐても御心配之趣風説
一今度會津侯京都御守護御蒙りハ全く薩長を退候御内輪と相見何卒相
調候樣仕度候
一嶋津三郎爰許逗留中三本道具金紋先箱万端島津當君同樣之格式表向
御連枝ニ茂無之
公邊ゟハ倍《陪カ》臣ニ候処右之通押強成權式ニ候得も當節之儀如何共御取
計方無之と相見申候
一松平伯州侯所司代間もなく
御免ハ全く京師ゟ之御差圖之由
一申年櫻田騒動ハ全く
水戸君思召ニも不相叶由老君

思召ハ自己之憤《奮カ》發を不致　當君　老君をして何處迄も
公武ニ忠節を盡し候樣心懸可申との御教示追々有之候誠ニ右ホ之儀
承候而も格別之御事と今更奉感服右　御屋形も正論之内ニも三ツニ
別れ逆《激カ》論家沉論家公平論と相成櫻田并長岡驛ホニ出張或ハ薩國ニ相
越し候浪人ハ逆《マヽ》論家ニ相見申候
一當說麻《節カマヽ》疹一般流行故欤ニハ候へ共去月十五日抔も
營中大廣間ニ御二人帝鑑ニ御壹人柳なし鴈三人と申樣なる事ニ而両
三年以前ハ御間毎ニ惣登
城之日ハ諸侯計之由然処右之次第恐入候御時節ニ候由
一紀州樣御國許より去月比之事と相見雨天之日ハ蓑笠之儘閣老方之内倪《マヽ》
公用人宅ニ相越紀州之藩中ニ候得共今般京師騷動之処萬一不慮之儀
出來之節ハ御加勢ホも御差出無之而も不相成然処一向爰許御屋形より
夫ホ之儀通用も無之萬一之備も更ニ整ひ不申當御時勢耻入候次第追

々其筋江申立候へ共更ニ御取揚無之無據願出候趣ニ而封書差出候付封書之儀ハ不容易譯ニ付御落手相成候上ハ紀御屋形江御手前ハ御引渡相成候半而も不相成旨申談候処封書さへ御落手相成候ハヽ勿論御引渡之儀兼而覺悟ニ而罷出候間不苦旨答候由ニ付封書御落手當人ハ引渡有之との風聞

一薩長ゟ當四月比欲國持方江京都江參勤可有之旨廻文差出候由然處曰州侯ニハ委細天朝江參（マヽ）勤之儀も奉畏候得共公邊ゟ御達無之各方よりえ通達而已ニ而ハ得出不申との御事外諸侯ハむさと御込り而已夫丈之答も出來不申候との事國持ニ而格別之人ハ無之との説

一敕使當秋參向御用懸り大名方御三人程又々被
仰付候趣御沙汰書ニ相見申候是ハ毎春之傳奏之御延ひ欲其儀も相分り不申候

一毛利長門守殿毛利嫡子去月末下著之処
一橋様御逢被遊度被　仰遣候由然処一躰御三卿ゟ國持方一ト通り参上之例無之御断被申候処再三御使ニ而参上有之由

○阿蘭陀人ゟ書翰

ヱキセルレンシー

阿蘭陀國外國軍務大臣

以書翰申入候抑我國人先年貴國教師の傳習を受し已來我國おゐて航海之諸術始而開ケ爾來其學未ダ精熟到らずと雖も術定其奥意を得んとは雖然巨艦之製作に到而ハ未タ其工作之場を設るに暇あらばたとひ急ニ是を設るとも俄に精巧に至らん事甚ダ難ずる所なり依而各國滯在之テウキツトヱスクワイルゟ貴國にゐて蒸氣軍艦打立之儀相頼候処同人ニも無異義了諾ありし其段速ニ貴國ゟ申達候由誠ニ滿足之

至ニ候就而も別紙名前之者貴國江差遣し右製造中船打立方ハ勿論以序外諸術を修業爲致度尤學科之儀も其各國其所之者を以夫々取極可學問諸事可然周旋賴入候尤船之大サ馬力之强弱炮銃之員數右同人ゟ申達候義と存する間今簡ヨ贅セず此段申入度如此候拜具謹言

文久二戌年　　脇坂
六月十七日　　水野
　　　　　　板倉

傳習人之名前書

取締役
内田恆次郎　士官 榎本釜次郎　澤太郎左衛門
赤松代三郎　田口俊平　津田眞一郎
西田周助　官醫 伊東玄伯　マヽ　林研海
外ニ水夫小頭測量師老鍛冶職鑄物師水夫ホ七人

通計十六人

以上

阿蘭陀人ゟ書翰

阿蘭陀コンシユルセ子ラール

ヱキセルレンシト（ーカ）

イカデウキツトゟ

以書翰申入候此度貴國おゐて軍艦打立之義相頼候ニ付右制（マヽ）造中傳習人ゟ其國ゟ差遣度段兼而其許ゟ相頼置候処此度出立之期ニ至り明十八日我軍艦纘（マヽ）威丸ニ乗組先崎陽ゟ向出帆致さしめんとに就而ハ同所著之上ハ貴國便船を得て渡海せしむへく貴國到著後官府之周旋を受ん事不少義と存する間別紙寫之通我ゟ貴國外國之事務大臣ゟ書翰差贈候間達方被取計度猶其許ゟも可然申贈らせ候様頼入候此段申入度如此候拜具謹言

脇坂中務大輔 花押
水野和泉守 花押
板倉周防守 花押

六月十七日

亞墨利加合衆國全權ミニストル
レシデント　ヱキセルレンシー
ロヘルトヱツプライン江

以書翰申入候方今支那おゐて疹（疫カ）病流行せる趣傳承せり一躰傳染病の者乘組候船我港内江繫泊いたし候義ハ素より有之間敷と存候へ共万民之憂相成事ニ而候間支那ゟ渡來之船健固（堅カ）狀所・（持脱カ）せざる分ハ我開港場江繫泊之儀差留候樣各港在留の貴國コンシユル江通達有之度候拜具謹言

文久貳戌
七月十二日
脇坂中務大輔 花押
水野和泉守 花押

板倉周防守　花押

右同文言イキリス　フランス　チランタ國に同斷

英吉利人に返書

貌利（太カ）左尼亞シャルゼダフヘール衆

コンシユルセ子ラール

ヱキセルレシント

イシントシヨンニト（ーカ）ルに

貴國第七月二十二日附第十六號書翰および外國事務大臣より前任公使に贈り越し第三十九號之書翰寫共落手せり今般我使節貴國ニ到著せしに

女王殿下ニも　配偶死去爾來悲歎哀痛ニ因り隔地に離居せられし故使節之者共謁見致し直ニ國書を相渡ス事能ハす外國事務大臣に渡セ（之カ）しも不得止の事躰なる事貴國外國事務大臣ゟ之書載中縷々申述とそ

件々
大君殿下ニ言上およひぬ且使節貴國ニ在留中其政府おゐて懇篤友愛の待遇なるハ交際親睦之證不淺感謝する處なり此段答書およひ候拜具謹言

文久二戌年　　　　　　　脇坂
七月十三日　　　　　　　水野
　　　　　　　　　　　　板倉

英國公使書翰

貌利太尼亞シャルセタスヘール兼
エキセルレンシー　イシントシヨンテル《ニーカ》に

以書翰申入候一昨廿一日松平修理大夫厄介嶋津三郎儀川崎と神奈川との間通行之節右同勢之内ゟ貴國商人才に狼藉およひ手疵を爲負遂ニ絶命ニおよひしものを有よし一昨夜神奈川奉行之報告を得て初て

承り甚〻氣之毒之事ニ存候尤修理大夫家來ゟ届出候趣ニ而有之且即刻神奈川ゟ其支配向をして嶋津三郎相糺せし処申立方不都合之儀も有之候付猶篤と糺明之上委細ニ申入るへく候既ニ昨日亞蘭両公使江而早速面會及ひ申談候趣も有之夫々所置ひ（マヽ）候樣就而も猶追々申入候得共此段不取敢先申入置候拜具謹言

八月廿三日

脇坂

水野

板倉

○江戸表ゟ延米場江之書狀

今般御改革ニ付諸家樣萬石以上以下乘切御登城ニ相成申候且諸家樣奥方始メ家中迄妻子共國元江引取可申旨御內意有之候由尤諸家樣三年五年又も七年御暇ニ相成江戸表ハ百日之御機嫌伺ひと申事ニ御座候如此ニ而ハ花之江戸と申事も田舍同樣之姿ニ御座候誠ニ以古今珍

敷事ニ御座候

閏八月廿八日申刻以仕立飛脚申送り申候

尚々大珍事ニ而米穀も勿論諸品行々大下落と奉察候

九月三日駿州邊凶作之由ニ而米穀求ニ來り候由ニ而延米大高直と成高潰せよ潰せ候由然る処右之趣江戸表ゟ申來候而又安潰せと相成相場不立と云

四海浪あらくしく國もさ包がしき時津風江戸を恥くもる御代なれや

害《ガイ》よ害多く薩々の三郎《サブ》ぞたのしき

春嶽と按摩の様な名を付く

上をそんぢり下をそんぢり

福井君の市中の評判を題して

暫くハ皮をもぬきしゐんきやうのむくらひもなくかぶる越前

陰茎

袴系圖

- 表袴
  - 奴袴
    - 舞人狩袴
    - 水干葛袴
    - 指袴
  - 小袴 足利ノ時
    - 四ッ袴 下賤者用
    - 小袴 足ノ入ル計コキ落シタル袴ナリ
    - 野袴
  - 裾紐
    - 小袴 今用ル
      - 裁付小袴
      - 伊賀袴

○直衣

直垂

鎧直垂

大紋

素襖

小素襖

長上下

半上下

裏付上下

肩衣袴

羽織袴

襠高袴 江戸表用所

馬乗袴

参観
勤割合大廣間

當戌年

春中在府

夏中在府

秋中在府

松平兵部大輔

佐竹右京大夫

嶋津淡路守

加賀中納言

細川越中守

松平大膳大夫

松平相模守

松平阿波守

冬中在府

來亥年

春中在府

夏中在府

秋中在府

松平出羽守

溝口主膳正

松平美濃守

松平安藝守

津輕越中守

松平修理大夫

立花飛驒守

龜井隱岐守

藤堂和泉守

松平越前守

冬中在府

來々子年

春中在府

夏中在府

松平土佐守

松平内藏頭

南部美濃守

松平陸奥守

松平三河守

宗　對馬守

松平右近將監

松平肥前守

松平飛驒守

秋中在府

伊達遠江守
丹羽左京大夫
松平富之丞

冬中在府

上杉驒(彈カ)正大弼
有馬中務大輔
南部遠江守

右之割を以在府之儀三年目毎ニ大約百日を限り可申候松平美濃守宗對馬守松平肥前守ハ大約一ヶ月を限可申事

一春中在府之面々も前年十二月中參府四月朔日御暇被下夏中在府之面々も三月中參府七月朔日御暇被下秋中在府之面々も九月中參府十二月廿八日御暇被下候儀と可被心得候尤

上使を以御暇被下候面々も右日限前御暇被

仰出ニ而可有之事

一松平美濃守松平肥前守ハ三月中參府五月朔日前御暇被下宗對馬守ハ前年十二月中ゟ參府正月末御暇可被下候事

一當年之儀も松平阿波守松平出羽守溝口主膳正其儘十二月中在府さるへく候其外當時在府之面々も近々御暇被

仰出ニ而可有之候事

帝鑑之間參勤（マヽ）割合

當戌年

春中在府

酒井左衛門尉

岡部筑前守

鳥居丹波守

小笠原幸松丸

夏中在府

秋中在府

冬中在府

松平甲斐守

秋田安房守

本多能登守

堀田攝津守

小笠原大膳大夫

松平巖若

井伊兵部少輔

三宅備前守

榊原式部少輔

水野出羽守

松平攝津守

來亥年

春中在府

夏中在府

本多伊豫守

松平遠江守

大久保加賀守

石川主殿頭

水野日向守

酒井修理大夫

松平與十郎

土岐山城守

稻垣攝津守

酒井大學頭

秋中在府

冬中在府

來々子年

堀田鴻之丞

小笠原佐渡守

西尾鎰之助

本多豐後守

內藤勝之丞

松平和泉守

阿部主計頭

松平山城守

加藤越中守

眞田信濃守

本多主膳正

春中在府

松平佐渡守
松平左衞門尉
小笠原左衞門佐

夏中在府

奥平大膳大夫
戸澤上總介
諏訪因幡守
植原〔村カ〕駿河守

秋中在府

戸田采女正
相馬大膳亮
脇坂淡路守
松平駿河守

冬中在府

內藤金一郎

松平丹波守

內藤右近將監

松平余六丸

松平大隅守

保科彈正忠

右之割を以在府之勤も三年目毎ニ大約百日を限可申事

鷹之間參勤（ママ）之割合

當戊年

春中在府

秋元但馬守

內藤駿河守

三浦備後守

夏中在府

秋中在府

松平少マヽ部少輔
稲葉長門守
黒田伊勢守
米倉下野守
米澤伊勢守
牧野遠江守
松平恭三郎
永井肥前守
森川出羽守
戸田越前守

冬中在府

來亥年

春中在府

夏中在府

板倉主計頭
内藤志摩守
酒井往太郎

青山因幡守
松平能登守
阿部因幡守
渡邊丹後守

青山大藏大輔
久世謙吉
增山河内守
水野肥前守

山口長次郎

秋中在府

阿部播磨守

松平織部正

板倉攝津守

有馬兵庫頭

井上伊豫守

冬中在府

間部下總守

本多伯耆守

永井飛驒守

土井大隅守

酒井下野守

來々子年

春中在府

夏中在府

秋中在府

朽木近江守

土屋釆女正

石川若狹守

井上筑後守

土井大炊頭

牧野讃岐守

板倉內膳正

戸田七之助

太田總次郎

大久保佐渡守

冬中在府

柳之間參《マヽ》勤割合

當戌年

春中在府

安部攝津守

安藤鏻之助

土井能登守

大岡兵庫頭

松平稠松

秋月長門守

小出主稅

織田兵部少輔

京極飛驒守

池田昇丸

夏中在府

森　美作守

鍋嶋加賀守

分部若狹守

片桐鑒一郎

前田丹後守

加藤大藏少輔

秋中在府

中川修理大夫

九鬼長門守

京橋壹岐守

土方聟千代

京極壹岐守

冬中在府

來亥年

春中在府

伊東左京大夫
毛利安房守
岩城左京大夫
松浦豊後守
一柳土佐守
松浦肥前守
松前伊豆守
松平伊勢守
伊東播磨守
新庄駿河守
加藤出羽守

夏中在府

六郷長五郎
太田原飛驒守
細川主采輔〔玄蕃頭カ〕
堀長門守
青木源吾

秋中在府

京極佐渡守
池田信濃守
松平左衛門佐〔マヽ〕
久留嶋珍口
谷大膳亮
上杉駿河守

冬中在府

來々子年

春中在府

藤堂佐渡守

木下飛驒守

五島近江守

織田筑前守

織田山城守

關　備前守

稲葉伊豫守

伊達若狹守

鍋島備前守

一柳兵部少輔

毛利讃岐守

津輕式部少輔

夏中在府

毛利左京亮
堀　左京亮
田村盤三郎
細川玄蕃頭
森　伊豆守
北條相模守

秋中在府

黒田篤之允
仙石讃岐守
大村丹後守
木下備中守
織田攝津守

冬中在府

毛利淡路守

相良越前守

堀　大和守

鍋島甲斐

九鬼大隅守

立花出雲守

右之割合を以在府之儀も三年目毎ニ大約百日を限り可申事

溜間

當戌年

松平下總守

松平隱岐守

來亥年

松平越中守

來々子年　井伊掃部頭
松平讃岐守
酒井雅樂頭
參勤（マヽ）御暇之時月も是迄之通
同格
當戊年　內藤紀伊守
來亥年　本多美濃守
來々子年　松平伯耆守
右同斷

交代寄合

當戌年

春

本口〔多カ〕内膳

夏

松平兵部掾

秋

山名主水助

冬

生駒徳太郎

來亥年

春

山崎主税助

夏

溝口隼人之助

秋

平野内藏助
金森磯之助

冬

㝡上采女之助
近藤縫殿之助

来々子年

春

木下圖書助

五島讃岐守

夏

竹中民部

松平與次郎

秋

戸川主馬之助

朽木主計助

冬

菅沼新八郎

一當年之儀も生駒德太郎其他ニ十二月迄在府させるべく候其外當時在府之面々も近々御暇被仰出ニ而可有之候

一榊原越中守參府御暇之儀も可爲是迄之通事

一井伊掃部頭殿御守護

御免ニ付近江蒲生郡神崎郡二郡も被差上候由ニ御座候

八月廿九日

一久我両官辭退候得共近衛大將可被任内大臣御内慮相伺候へ共徳大寺大納言被任内大臣度御内慮之義ニ付申立候書付壹通

但傳奏衆被致持参候書付□□（二字不明）

□（不明）□□不詳と云

松平豊後守

松平丹後守

此度御改革二条在番被差止其方共二条御定番被　仰付候ニ付御役料三千俵宛被下壹組與力三拾騎同心百人宛被附属候諸事松平肥後守并所司代遂相談御警衛向其外万端入念可相勤旨被　仰出之且又席之儀も大坂御定番之上与可被心得候猶同役壹人可被

仰付候
右於芙蓉間周防守申渡之
小笠原圖書頭
御役料
右於御用部屋周防守申渡老中列座
覺
今度御改革二條在番被差止御定番被　仰付御役料三千俵宛被下一組與力三十騎同心百人宛被附属與力は現米八拾石同心も現米拾石三人扶持宛御宛行被下候間可被得其意候事
覺
大御番頭松平丹後守內田主殿頭跡役も不被仰付減切ニ相成候間可被得其意候事
閏八月十五日

講武所奉行
小普請組支配に
小普請組支配に
明組支配世話取扱
圖司錠次郎
夏目庫次郎
新家鍬次郎
多喜健三郎

講武所奉行支配被　仰付是迄之通世話取扱可相勤取來御手當扶持被下候

明組世話取扱
大久保孫郎
山口九平太

講武所奉行組被
仰付是迄之通世話取扱可相勤候孫郎こ勤候内取來御足高被下候得共役

扶持被下候

講武所奉行ゟ

小普請組支配ゟ

同文言

明組支配組
長谷川儀助

右之通申渡候間可被得其意候

田中左膳

講武所奉行支配組頭被
仰付儀助儀も勤候内是迄之通御足高被下何ㇾ茂取來候通御役料御手當
扶持被下之

覺

小普請組支配二番十番減切ニ相成候間可被・〔得脱カ〕其意候事

大目付
御目付ゟ

御規式之事都而御省略ニ相成候ニ付而も以來年始御礼之節御流御盃計
被下時服も不被下候
右之通候間爲心得向々ﾆ可被達候
閏八月
閏八月八日

神奈川奉行支配上番
山本善四部

金五両

英國商人殺害ニ逢候節江戸表ﾆ爲注進乘切罷越候途中外國人共集居
銕炮差向旣ニ疵請候得共聊不臆其儘江戸表ﾆ罷越候心得ニ而乘拔候
段平常心得方宜故と相聞候依之爲御褒美書面之通被下且又疵請候付
別段爲御手當金拾両被下之

同斷
加藤正次郎

同斷之節善四郎ﾆ引續不臆乘拔江戸表迄罷越御用相辨候段平常心得

宜故と相聞候依之爲御褒美書面之通被下之

右之通可被申渡候

閏八月十二日

私儀爲參勤（マヽ）六月廿八日國許發途七月十二日致大坂著仕候処熱氣有之不相勝追々痲（マヽ）疹之症ニ相成旅行難相成療養相加滯坂罷在候段先達而御屆およひ置候処致快氣當月廿三日發坂同廿四日伏見著兼而伺濟之通

公方樣御機嫌所司代江爲可相伺今日京都江立寄罷越候処坊城大納言ゟ家來壹人可差出之旨申來家老山内下總差出候処

叡慮之御趣御書取を以別紙寫之通被仰渡候ニ付御受申上依之京都妙心寺内大通院江暫滯留罷在候此段不取敢御屆仕候以上

八月廿五日　　松平土佐守

蠻夷渡來以後

皇國之人心不和を生シ候処既去夏以來
帝都ニ而彼是不穩之儀暴説も有之薩州取鎮之後先靜謐ニ候得共萬一
京師騷擾之事有之候而も追々國乱之程難計彼夷族之胸筭ニ可陥と深
被惱　宸襟候猶松平土佐守ハ自關東兼而大坂御警衛も被申付候儀幸
此度通行之由被
聞召候間非常臨時之別義を以暫滯京有之御警衛御依賴被安
叡慮度御內沙汰之事

別紙

蠻夷渡來以後
皇國之人心不和生し當時不容易形勢ニ至り深被惱　宸襟候ニ付　皇
國之御爲も勿論
公武猶々御榮久之樣去五月關東に
敕使被差下被　仰出候　御旨趣有之候処於

大樹家も今七月朔日
叡慮御請被申上　御滿足之御事ニ候然ル上ハ早速事實行も望ミ候て
ハ無詮義折角之被
仰出於關東も御請難立候間右
叡念弥以速ニ被行候樣被遊度
思召候就而も薩州長州專周旋
叡感之御事候得共於土州同樣爲國家抽丹誠周旋之儀
御依賴被遊度　御沙汰ニ候事

閏八月廿二日申合之書付

覺

若年寄

明日ゟ登　城之節著服左之通

一平日割羽織小袴襠高キ袴之内著用
但拜領之羽織も丸羽織相用候事
一月次同斷
一正月元日二日大紋之節白著用
一紅葉山両山
御參詣之節服紗半袴
但御暇ニ而同斷
一乘切登　城之節供連
刀番両人割羽織立付小袴士分壹人
馬取締差出申候服同斷
押是迄之通
長柄持草履取計
下供是迄之通

一上使乗馬供立

徒两人　馬脇四人　挾箱無之

但駕籠ハ爲釣申間敷候事

一消防

御守殿御住居ホヽ出馬之節供立之儀追而取調可申叓

但駕籠ハ爲釣申間敷事

一部屋番著服　割羽織小袴平袴取交著用

一御用箱入两掛持參幷挾箱二ニ而爲濟可申事

一宅家來

公用人頭取取次割羽織小袴之內著用尤夏冬構無之

覺

淺草　筋違　小石川　牛込　市谷

四谷　赤坂　虎ノ口　幸橋　山下
右御門々是迄之通勤番差出候ニ不及士壹人足輕両人宛勤番爲致其余武器類取片付不苦候事
九月朔日堀出雲守御渡御目付神保伯耆守殿ゟ幸橋御門江御達有之候

○九月三日大目付御目付江
今般諸役人供連減少被　仰出其上諸家在府之面々相減候ニ付是迄町方請ニ而召抱置候足輕中間ホ追々ニ暇差出候向も可有之古郷を離レ年來武家方奉公致居候者共多くも仕覺候手業も無之俄ニ生活を失ひ可及難儀候間當地ニ而身分方付方無之舊里江歸鄕相願候者も御手當被下御料ハ御代官御預所役人万石以上ハ領主家來万石以下知行給知且寺社領之分も家來又ハ村役人ホ呼出町奉行所ゟ引渡可達旨所役人井身寄之者共江引渡歸農爲致農業出來候者夫々遣候程又も山海之稼

ホ為致郷里ニ安住致候様厚世話可被致候
右之趣万石以上以下領分知行給知有之面々幷寺社之面々にも不洩様
可相觸候
九月三日

○京都ゟ左之通
聞八月廿四日ひる申來候付廿五日夜五時比一橋様水戸様御出被遊同夜
八時比御歸之由
一薩摩　毛利両家に京都増守護被申付候・〔様脱カ〕ニと之事
一熊本　黒田　土佐　安藝　仙臺　有馬等に異船打拂早々取拂可申付
旨申參り候由
右ニ付諸大名御暇もいまゝ不被
仰出且内曲輪見付ゟ御減被　仰出之処少々御見合いろ〳〵評議之由
一九月四日ゟ御老中方正四ッ時御太鼓ニ而御登

城之旨被　仰出候是迄ハ四ツ時四分ニ而御太鼓打出申候
一當秋參向之公家衆九月節句過之著之由風聞御座候
　敕使　廣橋一位殿
　　　坊城大納言殿
准后使　柳原左近《兵カ》衛督殿
親王使　唐橋式部大輔殿

○閏八月市谷內心得通辭
大納言樣御事御脚氣御欝塞之御症御勝不被遊候付御湯治之御願被遊
度　思召ニ而此節
公邊御內談中ニ付御都合ハ難計候へ共御願被遊御否次第御暇被
仰出候へハ御供ォ之手順次第來月中ニ茂御發駕可被遊哉之御模樣ニ
付內々全爲心得申通辭候

同月三日朝婦人梟首男子同斷
右婦人ハ島田養母ト云男子ハ不知

閏八月

九月朔日朝鴨河原三条上ル所木綿晒候場所之抗ニ而下帯も無之男之死骸帯ニ而括有之疵ハ無之首筋後ロ之所ニ細引ニ而も括り候哉之跡付居両腕ニ入墨相見傍ニ左之建札有之候此者嶋田左兵《近カ》衛權大尉妾之親ニ而建札之通不宜者之由文吉妾二条新地ニ茶屋商賣いたし居同人娘朔日ゟ店出し之筈にて廿九日夜妾方ニ而内祝ひの酒給居候処江帯刀之者三人來尋度義有之候よしにて外へ呼出し河原まて連行なふり殺しにいたし候哉ニ相聞申候

建札寫

右之者先年ゟ嶋田左近江随従し種々姦夷《吏カ》之徒ニ心を合諸忠志之面々を爲致苦痛非分之賞金を貪り其上嶋田所持致不正之金子預り過分之

高倉押小路上ル丁
目明 文吉 戌四十六才

利を漁し近年ニ至り候而ハ様々姦計を相巧ミ時務一期之妨ニ相成候ニ付如是誅戮を加へ死骸引捨ニ致候同人ハ死後ニ至り右金子借用之者ハ決而不及返濟候此已後ニ而も文吉同様之所業相働候者於有之ても其身分之高下ニ不拘即時ニ可令誅伐者也

文久二年戌閏八月

イニ

右之者先年ヨリ嶋田左近ニ随従し種々姦謀之手傳いたし剰へ午年以來姦吏之徒ニ心を合諸忠志之面々を爲致苦痛非分之賞金を貪り其上島田致所持候不正之金子を預り過分之利足を漁し近來ニ至り候而も尚又様々姦計を相巧ミ時勢一期之妨ニ相成候ニ付如此加誅戮死骸引捨ニ致候同人死後ニ至り右金子借用之者共決而不及返濟候且又此以後ニ而も文吉同様之所業相働候者有之ニおゐてハ其身分之高下ニ拘もふに即時ニ可令誅戮者也

文久二閏八月

高倉押小路

目明文吉

○閏八月□日江戸來簡

當八月廿一日未刻東海道生麥村島津三郎通行之折柄英人四人墨人壹人川崎大師ゟ參詣ニ罷出同所中程ニ而嶋津行逢馬上ニ而先供之中ゟ乘込候付供廻之者差留候得共聞入不申候駕籠近く乘付候間切付候処驚不殘手負迯去候墨人ハ下馬致し差扣候ニ付無事英人之内壹人ハ同村柏原ニ而落馬其儘死去跡三人之内両人ハ神奈川本覺寺亞米利加コンシユル旅宿ゟ迯込相果異婦人壹人乍手負馬上ニ而横濱旅館ゟ迯歸候付英佛コンシユル両人神奈川ゟ出張追々人數操出し夜ニ入百人程ニも相成候処疾く島津氏ハ程ケ谷旅宿防戰之用意被致候由程ケ谷迄ハ多勢不參夕刻騷之中ゟ薩州之飛脚壹人通り懸り候を取卷銕砲打懸釼先ニ而馬ゟ突落候付飛脚之者直ニ異人ゟ切懸候処皆迯去候内銕砲の煙りの中を潛り迯去臺之裏家ニ日暮迄隱レ居夜ニ入無事ニ歸り候由最馬士何レゟ欤迯去候哉荷を付候馬而已相殘候異人共も横濱ゟ曳行如何相成候哉いまゝ馬士

之行末不相分候由

一神奈川臺下騷動之中同所見廻り役人ソレ玉ニ而腹を打拔同宿醫師西山宗俊通り懸り脇腹をソレ玉ニ而臍少し怪我いゟし又長谷川屋淸四郞と申材木屋にソレ玉三ツ飛入候得共怪我ホ無之由

一手負之婦人ハ廿二三才位之由耳ゟ肩に切付赤く成ゝ馬を飛セ橫濱旅館迄逃歸り療治屆候由右婦人夫ハ前書本覺寺ニ而相果尤前日比右之異人著船致しトル銀を船一艘ニ積來候由

一廿一日異人大師に參詣之義兼而嶋津氏通行之先觸有之奉行ゟ差留候へ共聞入不申候自儘ニ而出向右之次第ニ付欠所ニ相成家作其外共五國ニ而分取いゟし候由

一馬之手負腰之方巾壹尺深サ八寸と申事ニ而療治行屆候由

一神奈川ニ而鉄砲之差圖致し爲打候者役義取上ケ國に追歸し候由

〇脇坂中務大輔殿御差圖

申渡

新革屋町
名主　定次郎
外貳百十三人

此度出格之御改革被
仰出候ハ深キ御仁意も被爲
在候儀ニ候処積年之流弊有之事故両三年中ハ普く
御徳化之及ひ候様ニも相成間敷欤就而ハ極老之者共若其内相果　御
仁恵ニ洩候者も有之候而ハ歎敷且養老之儀も風俗を厚く爲致候第一
之儀ニも有之旁今度江戸京大坂を初遠國奉行支配所並諸國御代官所
御預所共諸民八十歳以上之者江御錢可被下旨被
仰出候間御府内町人共之分先達而共方共ゟ取調差出候七百九拾貳人
之者共鳥目三貫文ツヽ被下候間當人共呼出其段可申渡処何レ茂極老

之儀故中ニハ病氣又ハ歩行不自由之ものも可有之候間其方共江申渡
候付右御趣意之趣難有相心得銘々支配限不洩様當人共江得と申聞御
錢頂戴爲致候上可届出
右之通被
仰出難有奉畏候爲後日因如件
　戌
　　閏八月十一日
　　　　　　　　　　　　　　　　一同
　　　　　　　　　　　　　　　　　連印
右之通黑川備中守様
御白洲おゐて　仰渡
○品川御殿山異人館築立相成候ニ付地型堀返しいたし候処地中ゟ出候品
々承糺候付左ニ申上候
一當戌四月下旬比右御殿山南之上り口堀返し候節四五尺地中ゟ朽候鋏
ニ而カロウトウの類ニも候哉崩を出候付土方之者共不審ニ存し追々

堀返し候処右カロウト之中ゟ崩れ出候哉人骨類多く出候由然処同所北之方右同様相成候処太刀之身三本堀出し尤無銘之由同所脇ゟ板石碑五本堀出し申候右石碑文字年号才左ニ志るし申候

一同八月中之由同所南之方イキリス人旅館ニ相成候馬屋築立候ニ付地返し致し候処右同様人骨一體出候付取候候処何レも骨太ニ而大キク相見候由ニ而普請懸り之者立合ニ而取競へ必見候処凡丈六尺程ニも相見申候由

一同所北之方堀返し候節又候大太刀壹本出候由右長四尺余も有之幅貳寸五分程重子八分程有之由此節脇之方堀返し候節五輪塔都合五本出候由其外矢之根之類ニも候哉三寸五六分も有之候物六ツ七ツ出申候由此節水晶ニ類し候物玉數千程も出候由其節懸り之者より合何み相用ひ候玉ニ候哉更ニ不相分種々評義相成候処往古大將分之人所持之軍中みく數取ニ相用當時之筭盤之類ニ相用ひ候欤と考申候前顯太刀

之儀も外國方役人預り置候由當時何方ニ有之候哉不相分候趣ニ御座候人骨幷其外之品々南品川東海寺ゟ瓶ニ入相納有之右山内澤庵和尚墓所故檀中程ゟ右之方山を切開き此所ニ前顯板石碑五本竪有之右向之右側ニ五輪塔三本居有之左側ニ貳本居有之候骨相納候所ハ左側少々放レ裏之方ニ葬り有之候上堀出し候由ニ而大丸石貳ツ乘セ有之候右地中ゟ出候品々之儀ハ未御達ポニも不相成候趣宿同役人共申聞候因之夫々承込候通此段申上候以上

閏八月

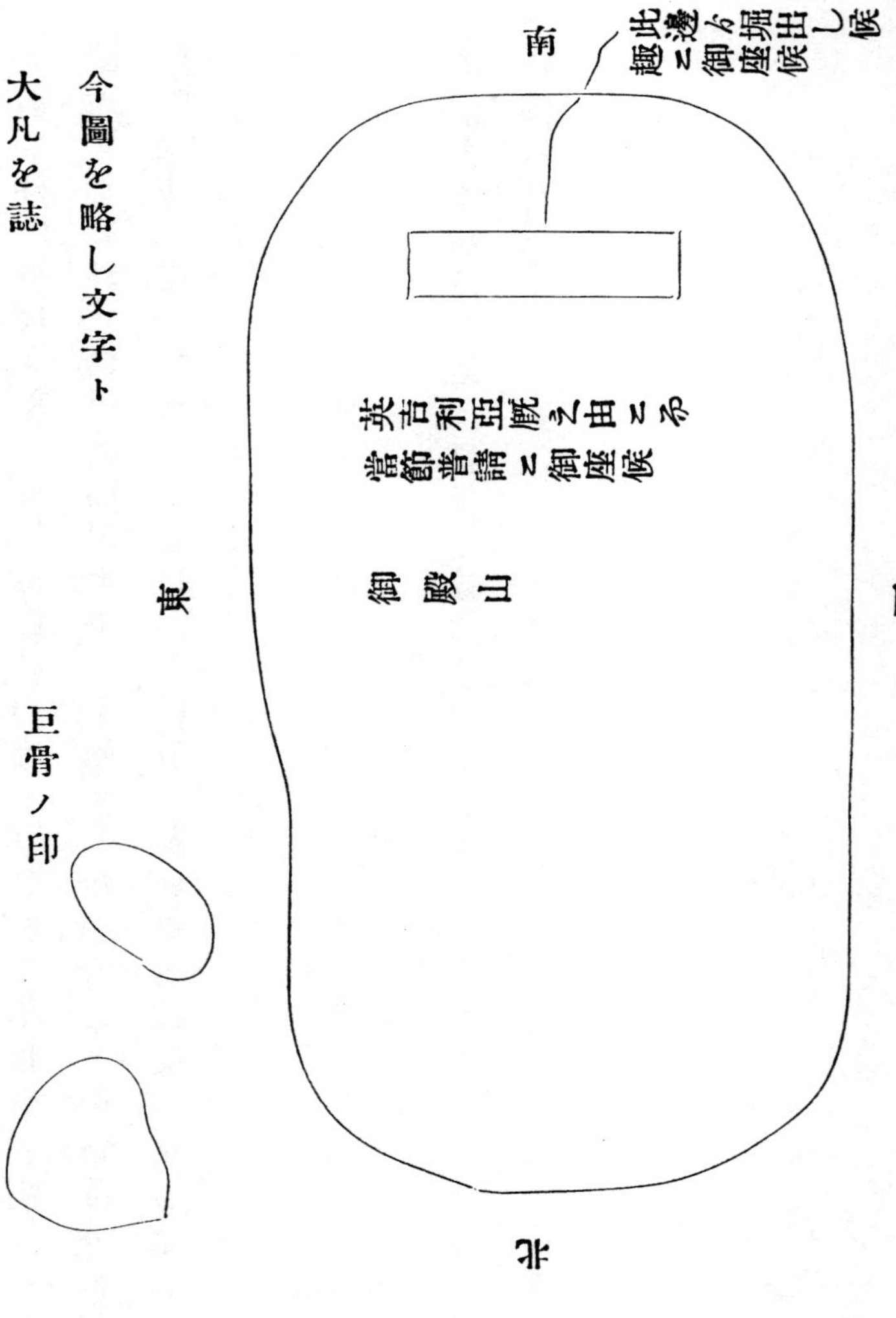
南
此邊ゟ掘出し候趣ニ御座候
英吉利亞厩之由ニ而
當節普請ニ御座候
御殿山
東
西
北
巨骨ノ印
今圖を略し文字ト
大凡を誌

右場所東海寺本裏之方澤庵和尚墓所石段中程口右之寺林五輪高サ二尺位台壹尺四五寸迄ニ御座候之內新規開發と相見申候

在判

在判

道恩
禪門

逆修
敬白

建武五年八月九日

永享九年六月十一日

光明遍照
十方世界
淨恩禪門
永享三年辰九月十二日
念佛衆生
爲百八日
攝取不捨

長祿
道性禪門
十一月十五日

建武五年戊八月九日

在判

在判

在判

（原朱）或人日記書抜

一九月朔日京ゟ十二時入同二日十二時出

一持明院殿御使伊東修理と申人熱田誓願寺まて御用之儀ニ付九月三日名古屋通り先拂アリ一説ニ傳奏之御用なりと云

一紀州様御登り之儀俄ニ被
仰出候由ニ而九月三日宮宿七里役所詰之衆名古屋札之辻へ來り話せ

一脇坂様奥方去を迄との事

一水野様おま《マヽ》かく候ニ付評よ設しらふ候

一日光宮様江戸御逼留御門前抔夷人往來致し候

一脇坂様實病ニ而五六日引籠り之処此節御出勤

一成隼様九月五日江戸御著之由

一長州土州肥後彦根之早追東海道筋頻り之

一紀州之御家中多分京大坂へ相越候由風説

一今三日彦根家中戸塚左太夫と申者登角棒乗供駕籠貳挺引馬有
但一説ニ彦根ニ何欤有事
(原朱)九月四日著書状之抜書
一柳營廿三日春嶽侯老若共襠高袴割羽織御役人向襠高袴紋付割羽織御同
朋頭三人計平袴割羽織足袋ハ紺白取交白多シ
一御屋形廿四日大夫參政を始割羽織襠高袴白足袋さねく丸羽織も有之
昨今之処ニ而ハ不殘と申位割羽織下輩紺踏皮多く上輩ハ先ツハ白計之
様之
一町人ハ皆枯腹いゐし候迚歎居何れの町を通りても此歎息咄のミ
一浄瑠理坂水野大炊頭屋敷此度之被　仰出に《マヽ》付手後レ致シ候得とも一時引
越ニ成可申間手甲斐姓《性カ》次第早々引越とて大騒キ之由左有ハ紀州様も定
ノ字御解之論有ならん
一御側衆抔迄も對箱之処を両掛ニ成片箱計の人ハ箱止ふきタ　御家ハ自

若

一品川筋家居取拂ニ成由右邊之者ニ承り申候道替の御趣向よや

一柳營御役向もヒドヒ過人減ラレ有ントテ皆々一縮ニ成居候樣子

一昨夜　御城附共に一紙ニ而相渡候書付

今度諸大名參勤〔マヽ〕之割御猶豫被　仰出候付而ハ是迄之割合を以當年參府可致筈之輩病氣ホニ而延引又ハ旅中之面々も其儘在國歸國いたし不苦候

右之趣万石以上之面々に可被達候

閏八月

一万石以上之面々勝手次第乘切登城被成御免候尤殿中小袴襠高袴ホ相用可申候御城内召連候供之者も可成丈相減可申候乘切ニ無之迚も無益之人數ハ相省候樣可被致候

一松平對馬守ゟ周防守申渡候由ニ而諸向に相觸候書付

今度献上物　御免被　仰出候へ共初鶴初菱喰初鮭之儀ハ是迄
禁裏江御進献之義ニ相成候儀ニ付右品献上仕來候面々井林肥後守ゟ献
上之兎ハ只今迄之通献上候様可被致候

万石以上以下乗切登城御免相成候得共老人ハ駕籠ニ而も登城いたし
候儀も可爲勝手次第候併供連之儀も格外省略致し召連候様可被致候

万石以下之面々勝手次第乗切登城御免被成候へ共年始八朔五節句御
用召之節ハ是迄之通可相心得旨相達置候処向後ハ乗切登城御免被成
候

閏八月

○九月三日著

此度御改革ニ付万石以上以下乗城〔切カ〕御登城も相成且諸大名衆三年五年
又も七年も御國人ニ相成江戸表ハ百日之御機嫌伺も申事殊ニ奥方始

御家中且妻子共御國入可致御内意有之由追々御出立御用意之様子ニ
御座候

一米之儀小高下之處大陰氣出來人氣悪敷世の中一變ニ相見候故相場も乱脉既ニ今日廻米六斗九升迄押下り余米も一両日貳三尺《勺カ》安之氣配ニ候へ共日用の麦買人無之候甚以不商ひ何连も此様子ニ而ハ諸品共下落之外ハ無之花のお江戸田舎と相成候有様先ツハ心得如斯

閏月廿八日未之刻

○江戸書状之内書抜

暮能可相成事ニ候へ共差當り不融通縮緬類質屋もかし不申候湯屋も薪炭高直ニ而八時ゟ相始候故剛弱取々

一御大名様方之奥様御國住居之由見附々々ニハ御旗本御番之由往古ニ立戻り候風聞

一諸商人諸職人も一變可仕欤昨年豊作當年違作とハ乍申　海上人命の

ミ喰人少く相成候故三五年之喰物十分ニ而實之昌平と奉存候以上

閏八月廿八日　山口雄三

米屋兵吉様

○九月三日著宰領之者ゟ聞取

一御大名交代三ヶ一と相成候由

一府中御加番衆不殘引拂御城代計居殘り御普請有之候

一御敕使御延引之御附之御普請役歸り被申候

一一ッ橋様評判宜春嶽様と御中よろ・（ら脱カ）ばよし

一御老中様夜四ッ半比ニ引ケ

一紀州様御登越前様も御同様其外之御大名ニ茂余程入國ニ而御隠居有之様風聞仕候由

一水戸九郎丸様いつ方ニ御養子ニ被爲入候共不苦由

一會津様御登足不知
一大坂御城代松平伊豆守殿二日立三ヶ日之間國元ニ而滞留
一三日所司代牧野様江戸立
一板倉様ゟ夷人願上申候趣ハ横濱交易當九月限ニ候処猶又五ヶ年之間
御年延被下候様ニとの事未御否出不申由
○閏八月廿七日江戸出立之者四日順著之宰領咄
一青山海道出來候由
但是ハ以來之街道ニ而五里程茂近海邊を遠さかり候所之
大磯ゟ左之方ゟ道付是迄之街道ニなるとの事
一伊藤大丸店彼地引拂ニなるとの事
一水戸九郎丸様紀州様ゟ御養子被爲成候由
一川崎ゟ戸塚迄之間番所廿五六ヶ所出來申候是ハ薩州ゟ夷賊無礼致し
候上之事と風説

一九月廿二日江戸表
大納言様御發駕引續　紀州様御發駕之由
一閏・〔八脱カ〕月廿五日初而兵部少輔殿別當壹人付添一騎ニ而登　殿供廻りハ先
ニ市谷ニ罷越居候由
或説ニ竹腰ハ大山師之と云
一江戸市商人共甚込り候由候へ共何となく諸品下直ニ相成申端ニ而下
賤悦ひ居申候地面抔ハ頻りニ賣申候由
○九月五日左之通御觸
今般於
公義衣服之制度御變革等之儀別紙之通被
仰出候付而も
御家おゐても平服之廉左之通被相改候其余之儀ハ追而可被　仰出候
一平服も羽織小袴又も襠高キ袴

但當分も是迄之袴取交著用不苦候

右之通御家中之輩に可被相觸候相改日限之儀も追而可相達候

九月

右之通右近殿被仰渡候旨

公義より出候別紙書付壹通相渡候右書面之內紺足袋并夏足袋用方且御用召之節之儀ハ於御家茂同樣相心得候樣御家中之輩に可被相觸候相改候日限之儀も追而可相達候

九月

右之通右近殿被仰渡候旨

足袋之儀以來平服之節も紺相用候而も不苦候

一以來夏足袋相願ニ不及勝手次第相用不苦候尤

御前邊且御用召ホ之節も是迄之通相心得御前邊ホ江足袋用候節も其
時々可申聞候
但
御目見以下之者ㇵ右ニ准シ夏足袋相用不苦候事
右之趣向々江可被達候
閏八月

今般於
公邊衣服之制度御變革相成候付
御家おゐても
公邊ニ被准委細も追而被
仰出ニ而可有之候得共五節句八朔朔望廿八日之儀も以來左之通可心
得候

一正月七日服紗半袴
一三月三日同斷
一五月五日染帷子半袴
一七月七日同斷
一八月朔日同斷
一九月九日花色ニ無之服紗半袴
一毎月朔日十五日廿八日平服
右之通御家中之輩ゟ可被相觸候相改候日限之儀も追而可相達候
九月
右之通右近殿被仰渡候旨
○九月四日左之通御觸
今度被
仰出候御趣意茂有之候ニ付

御三家様方御在府滞在之儀三年目毎ニ一年宛
御在府被成候様被
仰出候
水戸様ニ茂御同様御暇可被
仰出候間
御在府之割來亥年
大納言様當戌年
水戸様來々子年
紀州様与御心得當年ハ
水戸様其儘
御在府
大納言様
紀州様ハ近々御暇可被

仰出旨
御沙汰ニ候明年よりハ
御參府御暇之時月是迄之御振合を以三月与御心得可被成旨去月廿二
日夕板倉周防守殿ゟ御達有之候此段向々ニ可被相觸候
九月四日
右之通右近殿被仰渡候旨

閏八月廿二日
御三家　御城附ニ
今般衣服之制度御變革左之通被
仰出候間明廿三日ゟ書面之趣ニ可相心得候
一熨斗目長袴ハ以來總而被廢止事
一正月元日二日裝束

一正月三日無官之面々御礼服紗小袖半袴

一正月四日ゟ平服

一正月六日七日服紗小袖半袴

一正月十一日御具足御祝ひ服紗小袖半袴

一二月朔日装束

但御礼席ニ不拘面々も服紗小袖半袴

一三月三日服紗小袖半袴

一四月十七日

御参詣之節装束

但

殿中も服紗袷半袴

一五月五日染帷子半袴

一七月七日染帷子半袴

一八朔染帷子半袴
一九月九日花色ニ無之服紗小袖半袴
一御神忌且格別重キ御法事ォ之節ハ是迄之通装束
一御定式
御参詣之節ハ諸向共服紗小袖半袴
一御勅使
御對顔
御迎[　　]之節も是迄之通装束
但席ニ不拘向々ハ服紗小袖半袴
一勅使御馳走御能之節も都而服紗小袖半袴
一御礼衆万石以上以下共都而服紗小袖同袷又ハ染帷子半袴
一月次も別御礼衆之外平服
一平服も以來羽織小袖襠高キ袴著用可致候

右之通万石以上以下共不洩様可被相觸候

閏八月廿二日

右之趣相觸候間可存其趣候

御三家　御城附ゝ

正月廿八日

二月廿八日

四月廿八日

五月廿八日

七月廿八日

九月　朔　日

右日限以來月次御礼不被爲

請候其外是迄之通ニ候

御謡初

嘉定

玄猪

右御規式以來被差止候

右之趣向々に可被相觸候

閏八月

○九月六日左之通御觸

諸大名參勤《ママ》割幷心得方之儀ニ付

公義ゟ出候別紙書付寫貳通相渡候右書付之趣爲心得向々に可被相觸

候

九月

右之通右近殿被仰渡候旨

寫

三年目毎ニ大約百日を限在府　大廣間席之面々

但松平美濃守宗對馬守松平肥前守も大約壹ヶ月を限り在府

三年目毎ニ　溜詰

壹ヶ年ツヽ在府　同格

御譜代大名

外様大名

三年目大約《マ》、　鴈之間詰

百日を限在府　御奏者番

菊之間縁頬詰

交替寄合

但榊原越中守も

是迄之通

今度被
仰出之趣茂有之候ニ付參勤〔マヽ〕御暇之割別紙之□〔不明通カ〕可被成下旨被
仰出候就而者在府中時々登
城致シ御政務筋之理非得失を初存付候義も有之候ハヽ十分被申立且
國郡政事之可否海陸備禦之籌策ホ相伺或ハ可申達又者諸大名互ニ談
合候樣可致候尤其件々
御直ニ
御尋茂可有之候事
一在府人數別帋割合之通被
仰出候得共御暇中より共前条之事件或ハ不得止事所用有之出府之儀
者不苦候事
一嫡子之分ハ參府在國在邑共勝手次第之事
一定府之面々在所江相越候義願次第御暇可被下尤諸役當之儀者別紙在

府之割合を以可被
仰付候事
一此表ニ差置候妻子之義ハ國邑に引取候共勝手次第可被致候子弟之輩
形勢見知之爲在府爲致候義是又可爲勝手次第事
一此表屋敷之儀留守中家來共多人數不及差遣參府中旅宿陣屋ホ之心得
ニ而可成丈手輕ニ可被致候且軍備之外惣而無用之調度相省家來共之
儀ハ供先使者勤共旅裝之儘罷在不苦候事
一國許在所ゟ懸隔候場所御警衛之儀ニ付而も追而被
仰出品も可有之事
一年始八朔御太刀馬代參勤《マヽ》家督其礼《外カ》御礼事ニ付而之献上物も是迄之通
なるべく候乍去手數相懸り候品も品替ニ相願不苦候事
一右之外献上物も都而
御免被成候尤格別之御由緒有之献上仕來候分も相伺候樣可被致候事

○九月十四日御觸左之通

公義ゟ出候別紙書付寫壹通相渡候

右書付之趣爲心得向々江可被相觸候

九月

右之通將監殿被仰渡候旨

板倉周防守殿ゟ　御城附江

被相渡候書付

諸家幷遠國奉行ホ旅行之砌持筒其外共挺數之儀只今迄伺之上爲持來候得共以來ハ不及伺銘々嗜次第行列内江差加又ハ荷造ホニ而勝手次第持越不苦候尤實備専一ニ相心得供連之儀ハ可成丈減省可致候且亦持越候挺數之儀ハ兼而相屆置通行筋關所々々江爲兼而相達增減等有之節ハ其都度猶又面々より相屆關所々々江爲同様相達候様可相心得候

右之趣万石以上以下之面々ニ不洩樣可被相觸候
閏八月
右同日物頭以上之輩ニ左之通御觸
公義ゟ出候別紙書付壹通相渡候
九月
右之通將監殿被仰渡
寫
此度御改革被
仰出候ニ付月切駕籠之儀不相成候病氣等之者ハ切棒相用可申候且登
城退出其外歩行可爲勝手次第候尤馬爲牽候樣可致候
右之趣向々ニ不洩樣可被相觸候
閏八月
右同日月次出仕

公邊ニ被准不被爲
請旨御觸有之文面前ニ有ハ爰ニ略ス
○九月十五日左之通御側御用人通辭
竹腰兵部少輔正誤殿事
思召有之ニ付隱居被
仰付養子之儀見立可相願旨
公邊ゟ被
仰出去ル十日晩申通有之候旨
以下八行原朱

竹腰兵部少輔

思召有之候付隱居被
仰付養子之儀も見立可相願旨被　仰出候段松平豊前守殿ゟ御達有之此段申聞候樣ニと

御意ニ付今晩右屋敷ヘ向ケ御使長門守殿内記殿相越長門守殿被申渡候事

但御使赤坂ヘ被相越候付生駒頼母親類ニ付先ヘ相越右御使同人被相請候由

○安藤文澤文通寫

兼而御噂も御座候通何ら元師〔帥カ〕も元弘建武之以下〔御カ〕心と相見申候是ハ外夷之猖獗とりハ甚敷事と存候不遠しく如何成行申候哉恐縮此事ニ候」

一昨日弊藩へ伊賀少將公ゟ爲御知

九月十日

藤堂和泉守樣ゟ以奉札爲御知

公武猶々御承久之

叡旨被爲在此度從

近衞關白樣

御内敕之御書付御渡ニ相成難有思召候〔マヽ〕有之段御用番樣ニ御屆いゐし出候右爲知申上候

巷說ニ上州ニ而參候よし是も直ニ敕書受候義對公邊候而恐入候よし申受不申由ニ承候

九月十二日

九月六日

典藥寮　岡本大學權助

藏人所衆　岡田式部少丞

右両人官位返上出奔之由是ハ浪士覗居候

○九月十三日朝千種殿門内ニ投文いゐし有之文面

千種前少將殿戊午以來酒井若狹守を・〔初脱カ〕要路奸夷吏ニ阿從シ

天威を傾ヶ剰
和宮御東下古來未曾有ト大（之カ）耻を成スニ至る然処
天運循環今年ニ至り
敕勘を蒙リ候上ハ屹度改心可有之之処猶貪欲之心翻（イ飜サス）有道之
朝庭（廷カ）を乱さんと種々秘儀（議カ）會談をなし調伏鴆毒等之調度有之由今道路
ニ其説高し依而早速踏込可加天誅之処
朝庭（マヽ）之嚴威ヲ憚り猶豫ニ及とも比日ニ至而ハ猶豫之儀難相成ト衆議
一定も雖然出格之憐を以て十三日十四日之中洛中ヲ立退ニおゐてハ
自後其分ニ・（可脱カ）指置若其儀無之時ハ首頭を四条磧ニ晒し家族ニ至迄可令
夫々盡逆類者也
九月十三（イ二）日
右も九条殿久我殿岩倉殿富小路殿都合五家ニ同様いたし候由ニ而五方
共早速夫々立退よし

外ニ投文張紙才三四ヶ有之由略之
○九月十九日江戸表ゟ急御状著

京町奉行組與力
與力　渡邊金三郎
同心　森　孫六
同　大河原十藏
與力　上田助之丞

右四人共與力（加納繁三郎徒之由
江戸表ニ而永牢

○九月廿五日出京狀
來二月
御上洛ニ付二條御城　御在城被
仰出候付而も此節　御城御普請ニ御取懸り相成申候尤　御本丸ハ建

不申二之丸ニ御建添相成　　御本丸之場所ニ仮建ホ出來いゐし候由
一京町奉行永井主水正殿瀧川播磨守殿御組與力渡邊金三郎與力格同心森孫六御譜代同心大河原重藏上田助之丞右四人之者江戸表より　御用召ニ而一咋廿三日此地發足仕石部宿ニ泊り申候処附添ひ候者此所ニおゐて右等之首取ニ這入事ゐく三ツ首切取則與力渡邊金三郎森孫六同心大河原重藏ホ之首ニ御座候右首三ツ京三条通粟田御仕置場ニ持參いゐし此所ニはふし有之一々首ニ名札下ケ尤子細書高札も建有之此高札ハ矢張長野島田之同類ニ而去ル午年ゟ之事認有之高札之裏ニ石部宿ニ而打取候趣認入上田助之丞迯去候哉首無之跡ゐく討取候付遅成候間首はふし不申とも申事ニ御座候何分　御用召之者右之次第仕候而も六ツケ敷様ニ被存申候右廿四日朝ゟ八ツ過迄之見物人夥敷私も見物ニ罷越申候渡邊之首ハ横ピンゟもすこらけ二寸五分程之深サニ切込ミ疵壹ケ所柘榴のとく口明キいらゐもいゐふしき事ニ

御座候森孫六之首ハ額ヨ十文字ヨ疵請是ハ余程立合申候と相見申候
大河原ハ無疵之首右三人ハ私共仲間之内ニも多分親類有之今日ハ惣
親類町方ゟ呼出し之様子ニ御座候事

此表西町奉行組與力渡邊金三郎同同心上田助之丞東町奉行組同心森孫
六大河原十藏儀御用ニ付江戸表ゟ罷下候様申來去ル廿二日夜四人共此
表發足罷下廿三日石部宿泊ニ而同宿ゟ夕七ツ過比著之処ゟ侍數人押入
及殺害候由右之內助之丞儀も迯去候哉之趣ニ相聞金三郎初三人之者共
首廿四日朝粟田口御仕置場向ゟ往來之北側ニ高キ山之麓ニ竹を立首括
付首毎ニ名前々々小札附有之金三郎儀ハ天窓横ニ大疵有之孫六儀も額
ニ十文字疵有之領無之左之建札有之候由ニ御座候事

但及殺害候も何者ニ候哉不相知幷宿屋おゐて次第何等相聞不申候事

渡邊金三郎

大河原十藏
森　孫六

右ハ戊午以來長野主膳島田左近之大逆謀（イ賊）ニ與し加納繁三郎上田助之丞ホ之諸奸吏共と心を合セ古來未曾有之御國難を釀し聊ニ而茂國事を憂候者ハ悉く無名之罪を羅織し甚ニ至り候而ハ死流之（イ最）嚴刑を用ひ己ら毒計ヲ逞せんと致ハ段天地不可容之罪狀一々不遑枚擧因之加天戮者也

文久二戊年

九月廿三日

建札裏ニ

石部驛於三宿不計禍を生し候ニ付此上地頭且町內ゟ此度可相怪（本ノマヽ）候若其義無之ニおゐてハ追々可及誅伐候以上

九月

○九月廿三日夜六時比東海道石部宿狼藉者之次第

即死　上田助之丞　佐渡屋　治三郎

同　同家來貳人

即死無首　渡邊金三郎　橘屋　市左衛門

同人倅壹人

即死無首　大河原十藏　萬屋　半七

即死無首　森孫六　角屋　龜七

右旅宿ニ而狼藉者凡四拾人程乱入同日通行大坂

御上使松平式部大輔様日雇頭長谷川定七召仕小者ニ承申候

九月廿七日認

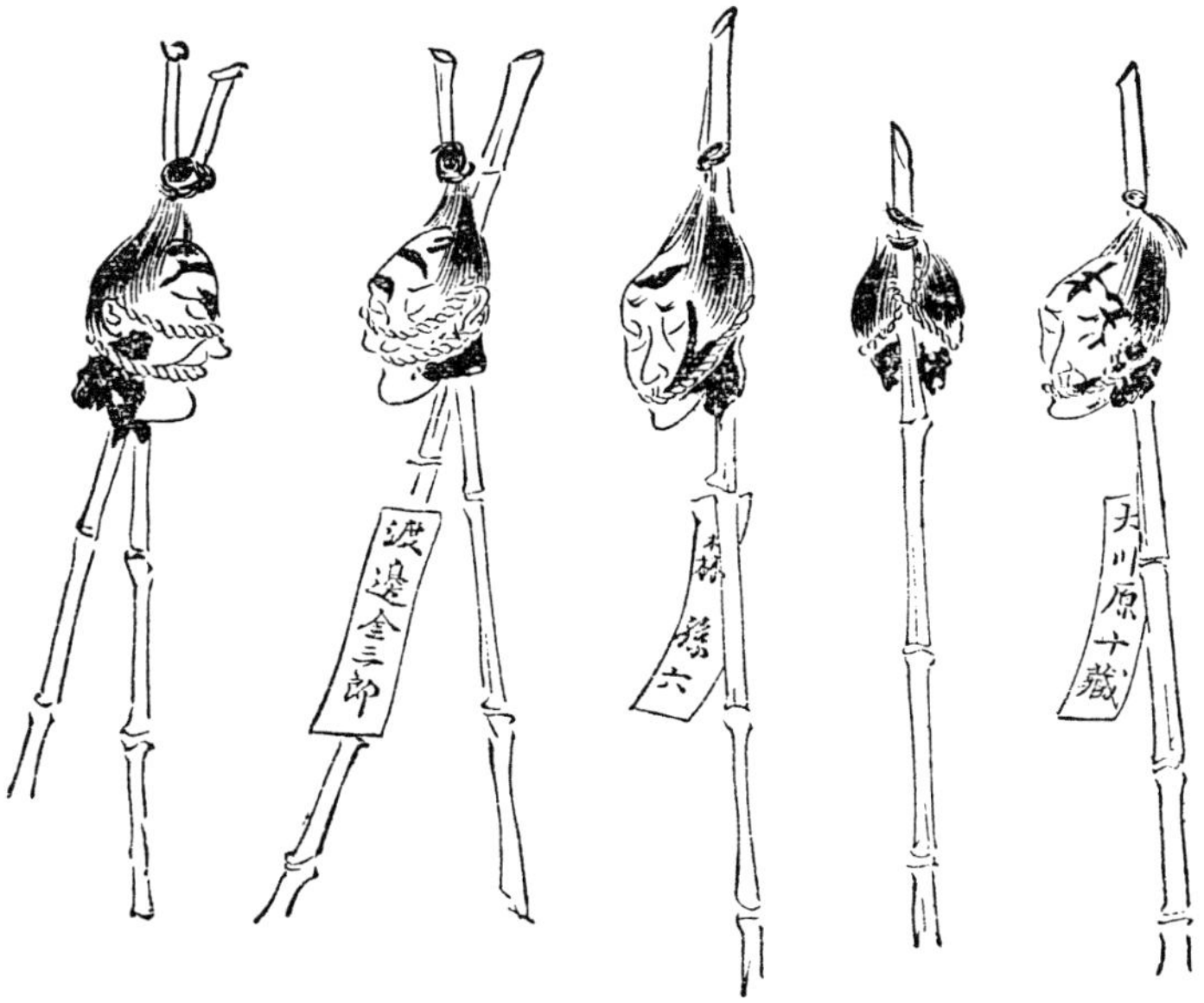
渡邊金三郎
森孫六
大川原十藏

石部宿ゟ京都御役所江届之寫

乍恐奉申上候御届書

御組　　　　　　　　御宿

渡邊金三郎様　　　　橋屋市次郎

森　孫六様　　　同　佐渡屋次三郎

大川原十藏様　　同　萬屋半七

上田助之進様　　同　角屋宗吉

右之御衆中様昨廿三日申刻比ニ當宿江御著ニ御座候処暮過時何を之武士方共不相分人數凡三十人様計右四軒御用宿江御名々拔身ニ而切込渡邊様森様大川原様三人様共八百屋大助方へ欠込被成彼是致候内御命終ニ相成渡邊様御内恒三郎と申方深手上田様御家來又七薄手其外御家來衆無別条御座候右之段不取敢御届申上候尤疵人之儀ハ醫師ニ懸置申候以上

戌九月廿三日

東海道石部驛
年寄久六印

○九月十六日越前春嶽殿市ヶ谷ニ参向之行列

野服黒羝著之者一人　割羝小袴著之者一人　口附口附騎馬侍一人

口附口附騎馬　口附口附騎馬

口附口附主網代笠表黒紋三ツ附裏金

侍一人　侍一人

口附口附騎馬　口附口附騎馬　口附口附騎馬

騎馬各割羽織網代溜塗笠

鎗長柄　手傘草履　沓籠　馬飼箱　従者六人

注進使躰之者六人　駕籠　長持壹釣

一正月十四日平服
一五月廿五日　御誕生日御祝是迄之通
一十二月十三日平服
　但御規式拘り候者計服紗小袖半袴
一節分是迄之通
　但同斷
右之通向々江可被相達候
　九月　　若年寄
　　　　　　小笠原圖書頭

○九月十一日
　（原朱）肥前唐津城主六万石佐渡守
　嫡子ニ而部屋住之
老中格被
仰付旨　（原朱）閏八月廿九日

右於
御前被
仰含候

（原朱）御奏者番
（原朱）小笠原圖書頭

（以下四行原朱）右若年寄被　仰付
右於　御前被　仰含
一同人事御役料五千俵被下之
右於奥周防守申渡之

九月十二日豊前守殿ゟ貞阿弥を以御渡
小笠原圖書頭老中格被
仰付向後年寄共之通可相勤旨被
仰出候御禮事其外御三家初諸大名其外共向後老中之通可相越候尤贈物も可爲老中之通在國在邑之輩ゟ老中江連札差越候節可爲格狀候
一願書之宛所ホ不及書入候

九月

九月十五日

小笠原圖書頭

是迄之通御役料共壹万俵被成下旨

右昨日於奥豐前守相達之候

九月七日

大納言様江

前大納言様

御使

水野和泉守

公方様來二月　御上洛可被遊旨被

仰出候付今朝被進之

一水戸様紀州様江同上同人被進之

一御臺様天璋院様本壽院様江御同断ニ付

御使松平豊前守被進之
一日光准后に御同斷ニ付執當眞覺院呼出豊前守申含之
一御同斷ニ付於芙蓉之間御役人其外殿中詰合布衣以上之面々に於席々
老中列座豊前守申渡之
九月九日
一來二月
御上洛被　仰出候御祝儀并一昨日　御使被進候御礼
大納言樣ゟ　間瀨權右衛門
前大納言樣ゟ　渡邊傳三郎　紀州樣ゟ高橋鍬平御差出於躑躅之間謁
豊前守相濟而御臺樣天璋院樣本壽院樣に御祝儀被
仰入於同席御留守居戸川播磨守に謁候
一水戸樣御登　城相成候処御部屋に豊前守罷出
御座之間おゐて　御對顏被遊候段申上

一公方様御座之間御上段御著座
水戸様御出席豊前守披露
上意有之御下段御左之方御著座于時丞二月
御上洛可被遊旨被　仰出目出度思召候一昨日以
御使被，仰出忝被　思召候旨豊前守言上之
御上洛之節御留守御心得被成候様ニと　上意有之豊前守御取合申上
之御退去於御白書院御老中ゟ御逢今日　御對顔御礼御鷹之雲雀御拝
領之御礼刑部様再御相續之御禮源烈様御贈官之御礼　御使を以　御
上洛被　仰出候御礼　前大納言様御官位御昇進被　仰候御礼御参府
御滯在御礼　御上洛之節御留守
上意之礼才被　仰述御退出被成候
御臺様天璋院様本壽院様ゟ御祝儀御供御家老を以被仰入於躑躅之間
御留守居ゟ謁候

一今日出仕之面々居殘候処來二月
御上洛可被遊旨被　仰出候段席々おゐて和泉守演達畢而何れも御祝
儀申上謁豐前守候
九月十日
御上洛御用被　仰付候旨
大目付
松平對馬守
同
人
御勘定奉行
根岸肥前守
御日付
長井五右衛門
御上洛御道筋見分御用被　仰付旨
右昨日和泉守申渡之
同日大目付伊澤美作守ゟ周防守殿被申渡諸向ゟ

來二月
御上洛御往還東海道
御旅行之事ニ付而ハ御道筋諸大名城々
御休泊ニ可被
仰付儀ニ候得共此度之儀ハ諸事格別御手輕ニ被遊領主ハ勿論下々迄
無益之失費無之樣ニとの
思召ニ而城々御旅館ニハ不被　仰付駿府御城之外ハ都而宿々本陣并
寺院ホニ而も御座所新規補理候ニ不及其外御道筋道橋ホも取繕ニ不
及候若難捨置場所も有之候ハヽ手輕ニ取繕可申付候
右之趣向々江可被相觸候
九月
九月十一日
松平豐前守

來二月
御上洛之節御留守可相勤旨

同斷

來二月
御上洛之節御留守ニ罷在折々登
城可致候

稲葉兵部少輔

平岡丹波守

小笠原圖書頭

內藤紀伊守

名代 松平大隅守

松平伯耆守

奥平大膳大夫

諏訪因幡守
土岐山城守

此節御暇可被　仰出候割合ニ候得共來二月
御上洛之節御留守ニ罷在候樣相達候付而も當年も御暇被下間敷候

土屋采女正
土井能登守

同斷

右豐前守申渡之

同日田安樣御事御同斷之節御留守被　仰出候
刑部卿樣ニも御供奉被　仰出候

九月十三日

奥御右筆組頭
樋口彥左衞門

同　宮重久右衛門

奥御右筆　高木幸次郎

同　柘植直之助

同　柳澤勉次郎

徳川刑部卿殿

御上洛御用被　仰付

右於奥昨日豊前守申渡之

御上洛之節御供奉被成候様被

仰出候得共其以前御先に御上京被成候様被

仰出候

右昨日於
御前被　仰含之

大目付
岡田駿河守
御勘定奉行
津田近江守

刑部卿殿上京ニ付爲差添被遣候間可致用意候

九月十五日

一紀州様御事來二月
御上洛之節御留守御心得被成候様
上意有之相濟ゐ御部屋ゝ豊前守罷出左之書付指上

紀伊中納言殿

御上洛之節御留守御心得被成候様被
仰出候付ゐも當年之御暇被

仰出間敷旨　御沙汰ニ候

九月十八日

金七枚　ツヽ

時服三　羽織

京都ニ御暇ニ付被下之候御序無之ニ付御目見不被　仰付候

大目付

松平對馬守

御勘定奉行

根岸肥前守

金貳枚

時服貳　羽織被下

御代官

竹垣三右衛門

金三枚

時服貳

御勘定組頭

木村薫平

御勘定

土肥傳右衛門

金貳枚　ツヽ

時服貳

同

櫻井又五郎

同格御徒目付　清水疇七郎

支配勘定　城戸登輔

同　大嶋東一郎

御徒目付　榊原榮五郎

平岡庄七

金貳拾両ツヽ

金拾両ツヽ

京都罷登候付被下之

右水野和泉守田沼玄蕃頭申渡之

高家　土岐出羽守

刑部卿殿京都ニ被相越候節差添被遣候間可致用意候

右去ル十三日和泉守申渡之

大目付淺野伊賀守ゟ豊前守殿被申渡候由ニ而
刑部卿殿近々上京東海道被相越候付而も諸家ゟ餞別相贈又も見立附
使者差出城下宿々より其所之御代官領主地頭ゟ馳走人ホ差出候義堅
御斷ニ付此段向々江可被相達事

九月

九月十九日

御目付
長井五左衛門

時服貳 金五枚 羽織

京都江御暇ニ付被下之御序無之候付
御目見不被　仰付候
右昨日和泉守申渡之

同廿一日

松平下總守

名代　松平攝津守

來二月
御上洛之節御留守ニ罷在御留守中折々登城可被致候

松平出羽守

名代　松平佐渡守

京都御警衛被
仰付置候儀ニ付來二月
御上洛御逼〔逗カ〕留中二條御城御警衛をも可被心得候

青山因幡守

兼而京都表御警衛被
仰付置候儀ニ付來二月
御上洛御逼〔マヽ〕留中二條御城御警衛火之番をも可相心得旨被　仰出候
右昨日豊前守申渡之

九月廿日　御城附を以丹阿弥迄爲御物語之趣略寫
來二月　御上洛被　仰出候ニ付伊勢
両宮并當御地山王ニ而従尾張殿前大納言殿御安全之御祈禱被申付御
札守被差上方之儀來亥八月迄服中被有之候付不被相伺候旨付而も前
大納言殿之簾中大納言殿之簾中よりも前顯同様不被相伺候旨

御年寄判
鈴木丹後守

○同月十一日夜

思召有之ニ付隱居被
仰付候
伺之上差扣

丹後守惣領御用人ニ而
鈴木嘉十郎

同氏丹後守儀

思召有之ニ付隠居被
仰付家督之儀無相違其方ニ被下置大寄合被
仰付

右同人

御用人被
仰付

御側御用人
武野新右衛門

伺之上御番遠慮七日ニ而御免

思召有之ニ付隠居被
仰付候

新右衛門惣領御目付
武野丹下

伺之上差扣

新右衛門儀

思召有之ニ付隠居被
仰付家督無相違被下置

武野丹下

御目付被
仰付
伺之上差扣七日ニ而御免

○江戸表ゟ文通之端ニ
武野公御年寄衆惣御出座之事御聞被成是ハと存し御自分ニ御出殿被成候右状箱も御目付間瀬銕太郎より行違ひ只今　御殿江出勤被致候と状箱返し候付坊主ゟ差出候処明ても不見何か取込之様子外ニ而承ハられ候ぞ見へ引取相成多葉粉入を忘れきせるをわすれ取ニ戻りし由まゝ扇子もわすれもふされ御乱脉之様子と詰番ぶ之噂ニ御座候哉しかぶぬ事ニ御座候

思召有之隱居之事ハや(マヽ)ハつきりと相成申候

御内々申上候御覽之上御火中恐入候事と奉存候

竹腰兵部少輔正諟

○九月十五日

今度隱居被

仰付候ニ付在所表江罷越致住居候樣ニと被

仰出候

在所到著之上差扣罷在候樣ニと之

御事候旨

十月四日兵部少輔殿鳴海泊（片旅宿同樣よて出立）五日宮驛通行佐屋海道ゟ　渡し越

（原朱）【欄外記入】今尾表江著ト云

九月廿九日

竹腰兵部少輔
名代 戸田河内守
備前守養方弟
三宅洸《トキ》若
願之通洸若聟養子被　仰付候

○御城代衆ゟ支配江之通辭

來二月
御上洛之節御道筋御設方等之儀ニ付別紙之通板倉周防守殿被仰渡候由ニ而大目付伊澤美作守より御城附江達有之候此段可申聞置旨年寄衆被申聞候由御側御用人御用人申達候因右壹通差越し候書面之趣可被得其意候尤承知之上順達先日□（一字不明）共相記早々順達納所ゟ我等宅江可被差戻候以上

九月十七日
御役名充　　成瀬大内藏

來二月
御上洛御往還東海道御旅行之事ニ候就而ハ御道筋諸大名城々
御休泊ニ爲可被　仰出儀ニ候得共此度之儀ハ諸事格別御手輕ニ被遊
領主々々も勿論下々迄無益之失費無之樣ニとの　思召ニ而城々
御旅館ニも不被　仰付駿府御城之外も都而宿々本陣幷寺院才
御旅館ニ可被　仰付尤右本陣才とくも　御座所才新規補理候ニ不及
其外御道筋道橋才も取繕ニ不及候若難捨置場所も有之候ハヽ手輕ニ
取繕可申付候
右之趣向々江可被相觸候
　九月
來二月

御上洛之節御供被遊候樣
御內意有之候旨內々申聞置候樣年寄衆被申聞候由御側御用人
御用人申達候因申聞候以上
九月十七日　成瀨大內藏
御役名充

○九月廿六日　石河佐渡守
用意出來次第早速江戸表に罷下相詰候樣被
仰出候

○九月廿七日
(原朱)小普請組ニ而病死間島太郎實弟　間島次郎
名代　松野又三郎
間島太郎願置候通養子被

（原註）同月晦日夜被仰渡
十月□江戸表ゟ發足

仰付遺跡無相違被下置小普請組被
仰付候

（原朱）小普請組
田宮兵治父隱居　田宮弥太郎
名代　箕浦鐵太郎

思召之品有之候付再勤被
仰付新知三百石被下置御側御用人被
仰付千石之高ニ御足高被下

（原朱）小普請組
阿部覺藏父隱居　阿部清兵衛

思召之品有之候付再勤被
仰付寂前被　召上候貳拾石御加增被成下都合七拾石被下置三百石之
高ニ御足高被下置御側物頭格明倫堂督學被
仰付候

（原朱）御徒格以下小普請　植松庄左衛門

思召之品有之候付明倫堂教授次座被
仰付御加増米拾七石御加扶持壹人分被下置候
可爲御用人支配

(原朱)小普請組
間島次郎祖父隱居
間島萬次郎

思召之品有之候付再勤被
仰付宛前被　召上候五拾石被成下都合貳百石被下置木曾御材木奉行
被
仰付錦織奉行兼相勤候様ニとの御事候
兼役方専可相勤候

(原朱)小普請組
深澤新平
名代
古高吉兵衛

思召之品有之候付川並奉行被
仰付御代官圓城寺奉行兼相勤候様ニ与之御事候

兼役ニ付候御用向も地方懸り御勘定奉行ニ随裁許可相勤候

（原朱）小普請尾崎將曹父隱居　尾崎八右衞門

思召之品有之候付再勤被
仰付寂前被　召上候五拾石御加增被成下都合貳百石被下置在京御用
達役被
仰付候

（原朱）小普請茜部小五郎父隱居　茜部伊藤吾

名代　伊藤矢内

思召之品有之候付再勤被
仰付御切米三拾俵被下置淸須御代官被
仰付百三拾俵之高ニ御足高被下之旨

尾崎將曹

父隱居同姓八右衞門義

思召之品有之再勤被
仰付㝡前被　召上候五拾石御加増被成下都合貳百石被下置在京御用
達役被
仰付候付其方江被下置候知行ハ可差上旨
以前之通
御目見ニ而被差置旨

間島次郎
名代　柏野又三郎

祖父隱居同姓萬次郎儀
思召之品有之再勤被
仰付㝡前被　召上候五拾石御加増被成下都合貳百石被下置木曾御材
木奉行被
仰付錦織奉行勤相勤候樣ニとの御事候旨被

仰出候付其方ニ被下置候知行ハ可差上旨
田宮兵治
名代 魚住清八

父隠居同姓弥太郎義
思召之品有之再勤被
仰付新知三百石被下置御側御用人被
仰付候付其方ニ被下置候御切米可差上旨
已前之通
御目見ニ而被差置旨
阿部覺藏

父隠居同姓清兵衛儀
思召之品有之再勤被
仰付寂前被　召上候貳拾石御加増被成下都合七拾石被下置御側物頭

格明倫堂督學被
仰付候付其方ニ被下置候知行ハ可差上旨
以前之通
御目見ニ而被差置旨
茜部小五郎

父隠居同姓伊藤吾義
思召之品有之再勤被
仰付御切米三拾俵被下置清須御代官被
仰付候付其方ニ被下置候御切米も可差上旨
已前之通
御目見ニ而被差置旨
大崎七五郎

其方召仕女ゑお儀常々實躰ニ令忠勤小兒傅立方主人病中介抱并家事之世話をも深切ニ取計候由奇特之事ニ付鳥目マヽ被下之

○九月晦日

（原朱）御側物頭御小納戸頭取兼御免ニ而四谷家江御戻相成居

長谷川惣藏

思召之品有之候付被召返再勤被仰付元高三拾俵被下置御先手物頭格被仰付貳百五拾俵之高ニ御足高被下之

（原朱）御小納戸頭取御免ニ而四谷御家へ御戻相成居候

澤田庫之進

思召之品有之候付被

召返元高三拾俵被下置御使番格被
仰付貳百俵御足高被下之

壬戌とし
夜直しの御茶・理（料脱カ）
御客御壹人
御亭主壹人

御給仕　小（イニ大）原左兵衛
御水屋　重（ナモ）高（タカ）長次郎
御献立并御料理　沓輪三郎助

一御席中
其外名號
利久形御手燭出

會津さふし蠟

而る清白之

但安藤引

龜山善哉

鹽加減よし

前茶
一御口取

一御釜　加州寒雉

雲龍登り模様

一御炭取　好ミ不知　かさの内

吾妻縁組

一御香合　當時　いろへなし

紀州る出蜜柑

一炮烙

をし形

はよし

一御軸　杜掛五字一行

板倉周防守トアリ

俗ニ毒虫除と云傳ふ

表装中風帯再きんこん地紋輪

違ひ上下無地絹水のあさぎ

箱書なんぬ趣向之叓

一御花入　御青事磁カ

和泉
半田焼
一御花杜丹
寒中室咲ならぬ世ニ出て盛ニ開く
一御茶入　古萩尻長
銘中將　藥かへて薩摩ニ似たり
御袋　大内地紋
一御茶杓　菊桐敕許黄門水公御作
大筒　西洋流之削
御銘　素ゟ打拂
一御茶碗　御所丸
御歌添
何事もれを丸くせん都鳥

此青事ゝ、宜しらぬざる由取沙汰有之ニ付大身之方ニ目利老若とも打寄評定之処如何共不宜候付御物之内御吟味之上今度御花入改革ニ相成候事ニ取極近々格別結構成青事ゝ、出候由尤裏千家又玄齋箱ニ五言詩有之候由承り候儘寫置候事

因薩長忠節
自顯水公眞
則除東都姦
要治國安民

包ら思ふようよ形るらなふもら

一建水　京棒之先

一御薄器　棗作金林寺形

つさなたニ依く

薩摩形

一御薄茶　詰元上林宗隆

と里揃

一御烟艸盃（盆カ）　時代彦根

火入天命檢使銅

但形ゐなし

箱書ニ直打　半地トアリ

古金買集元組之筆

一統裁判

一蓋置　若州引切

一御相伴　あ波井古形長次郎作

茶碗銘　御上樂

一御濃茶　後よ流し

一御武士菓子評定煉羊羹

御料理

薩摩焼

一御向　拝領

御前配　たち魚

金ニ似り

銘關宿

此酒ニ久世有泡成ニ出されて請大
キニ悪敷由

一御中酒　粟盛手氣强

一御煮物　越前口墟鱈風味別段
よし本俵たつぷり

一万程

一御取肴　交易丁子麩
諸人よろこん麩

土佐武士直煮

一御汁　公武出し合躰
ミそ諸事
正路忠義
つく〳〵し

一御焼物　若狭鼻打鯛
付焼
少將あしき
よろひ有

一御吸物　江戸のり
故障入

以上

九條さん年に似合ぬ氣が若狭
さまゞに惚てまらはまふぬ

維新期風説風俗史料選

【新装版】東西評林 一

発行 一九七三年 五 月一〇日 復刻版一刷
一九九九年 七 月三〇日 新装版一刷

[検印廃止]

編者 日本史籍協会

発行所 財団法人 東京大学出版会
代表者 河野通方
一一三―八六五四 東京都文京区本郷七―三―一 東大構内
電話＝〇三―三八一一―八八一四
振替〇〇一六〇―六―五九九六四

印刷所 株式会社 平文社
製本所 誠製本株式会社

日本史籍協会叢書 144
東西評林 一（オンデマンド版）

2015年1月15日 発行

編 者 日本史籍協会
発行所 一般財団法人 東京大学出版会
代表者 渡辺 浩
〒153-0041 東京都目黒区駒場4-5-29
TEL 03-6407-1069 FAX 03-6407-1991
URL http://www.utp.or.jp

印刷・製本 株式会社 デジタルパブリッシングサービス
TEL 03-5225-6061
URL http://www.d-pub.co.jp/

AJ043

ISBN978-4-13-009444-3 Printed in Japan